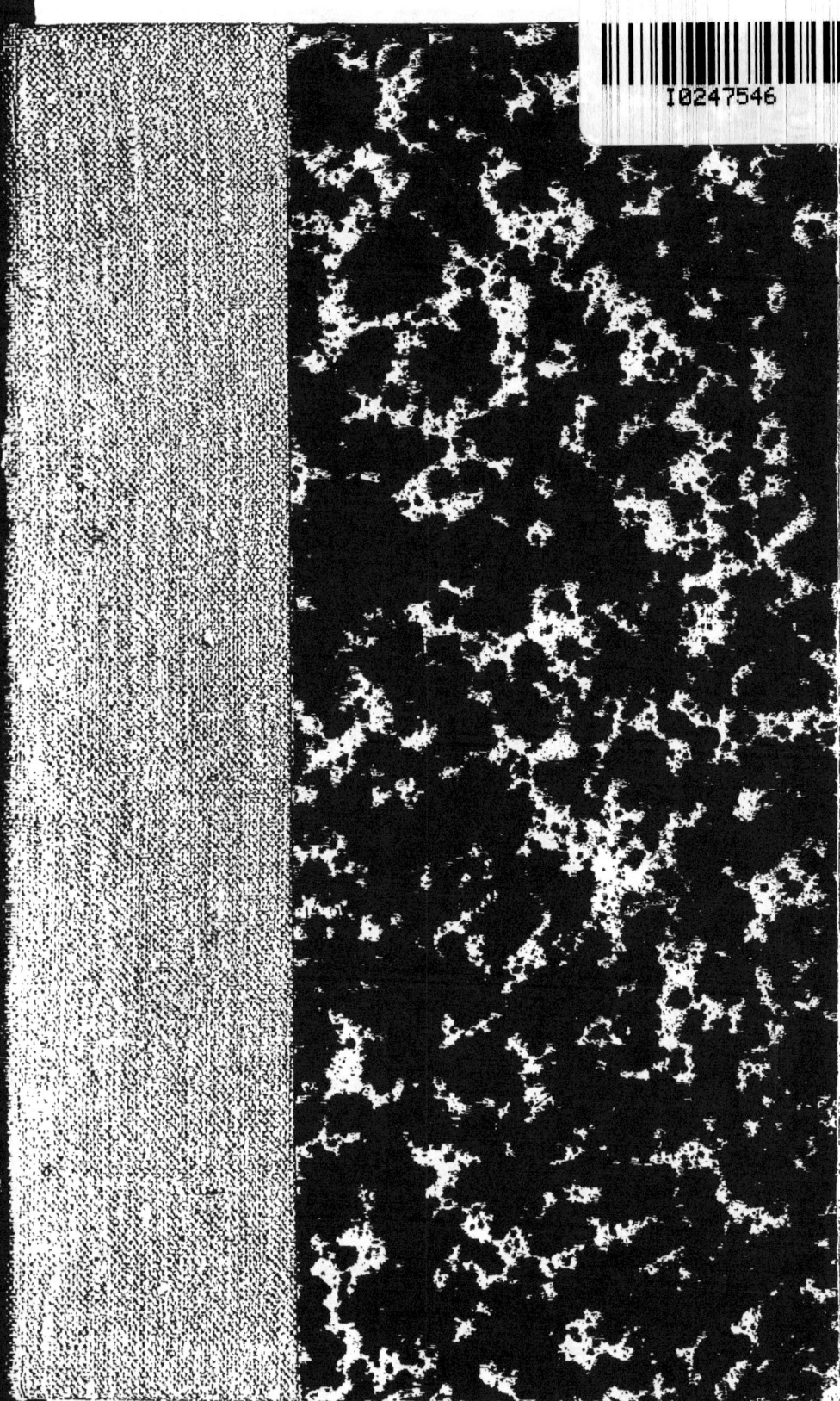

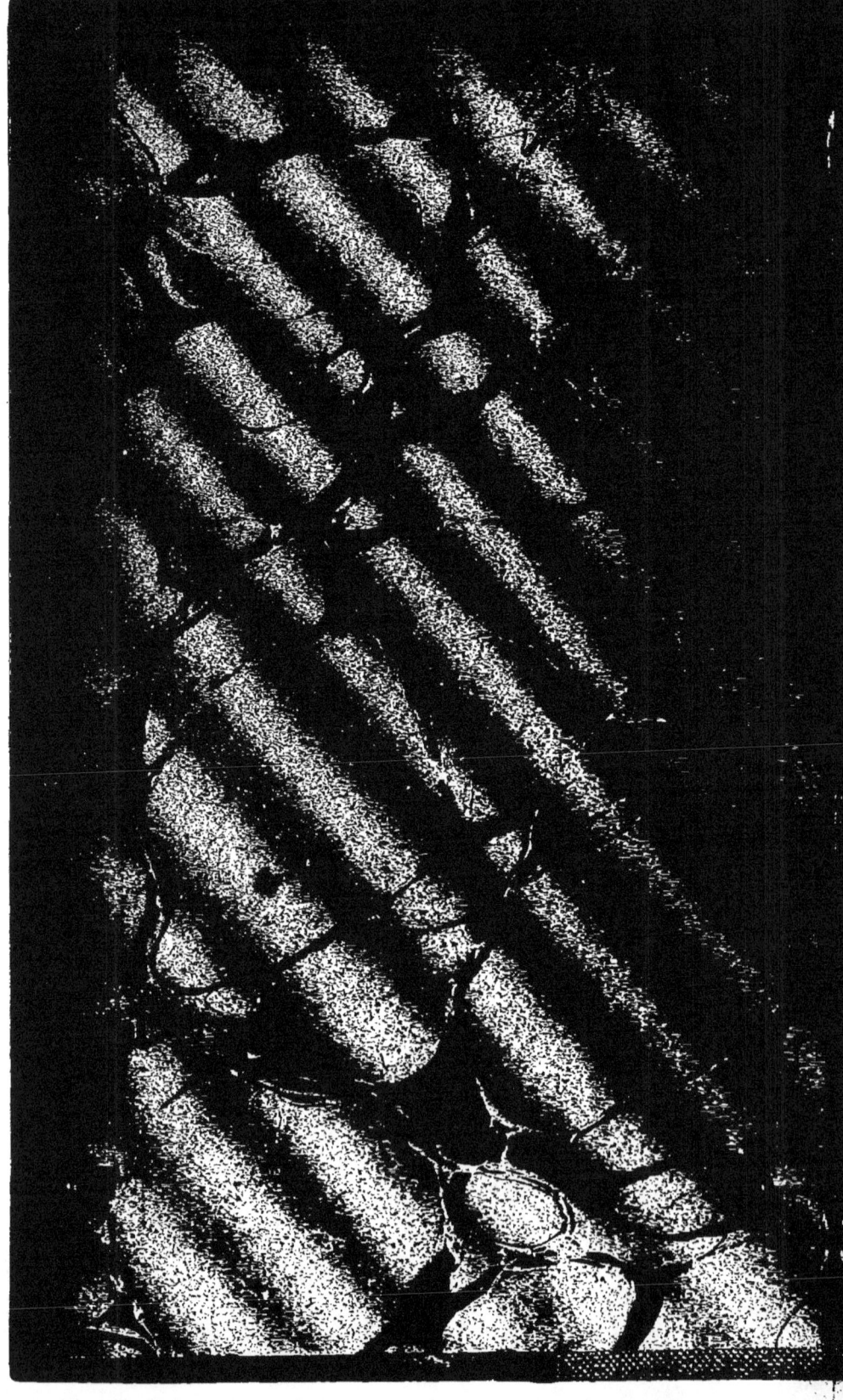

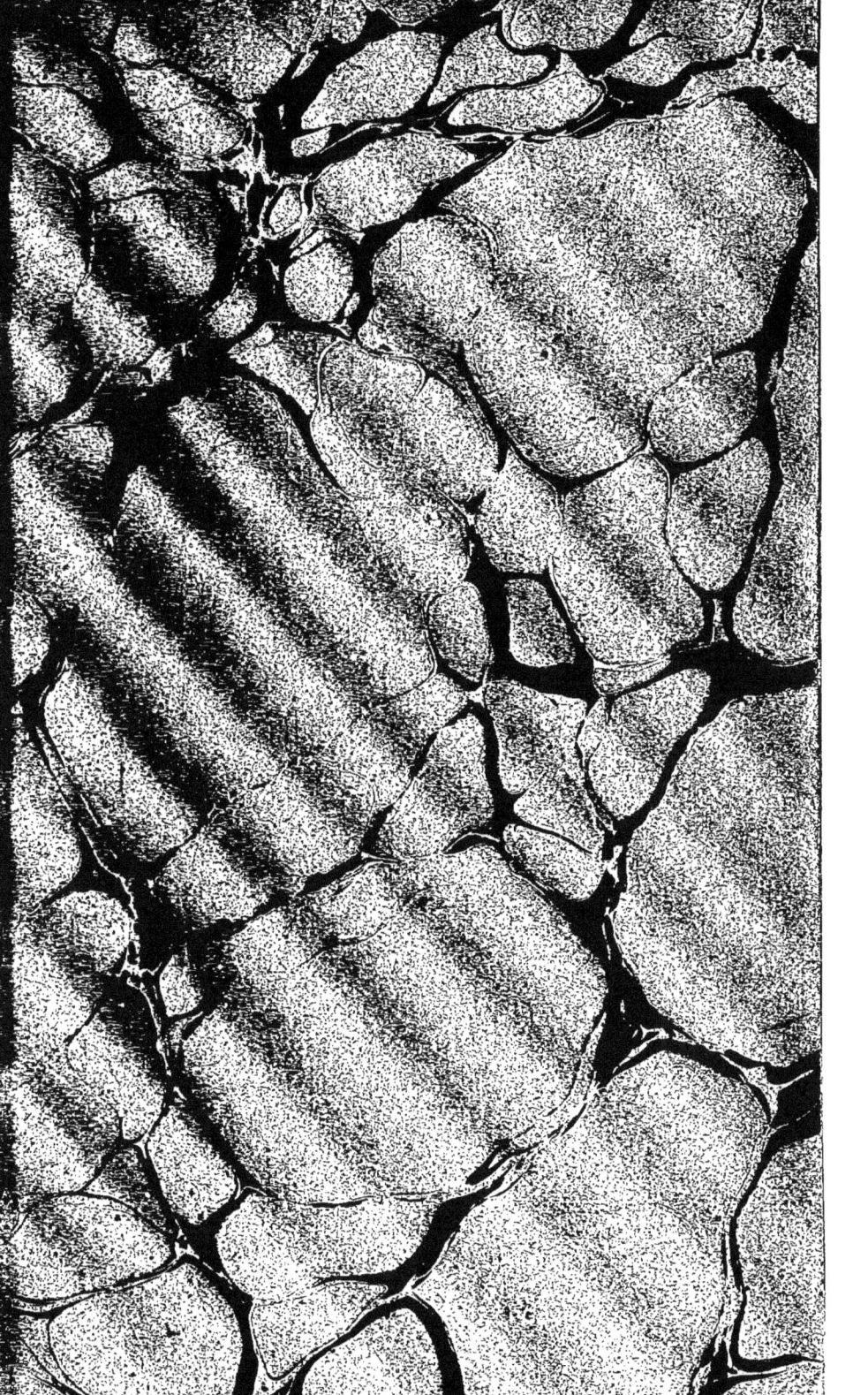

LES GRANDS ÉCRIVAINS FRANÇAIS

Mme DE LA FAYETTE

PAR

LE COMTE D'HAUSSONVILLE

PRIX : 2.00

MME DE LA FAYETTE

VOLUMES DE LA COLLECTION DÉJÀ PARUS
DANS L'ORDRE DE LA PUBLICATION

VICTOR COUSIN, par M. *Jules Simon*, de l'Académie française, secrétaire perpétuel de l'Académie des sciences morales et politiques.
MADAME DE SÉVIGNÉ, par M. *Gaston Boissier*, secrétaire perpétuel de l'Académie française.
MONTESQUIEU, par M. *Albert Sorel*, de l'Académie française.
GEORGE SAND, par M. *E. Caro*, de l'Académie française.
TURGOT, par M. *Léon Say*, député, de l'Académie française.
THIERS, par M. *P. de Rémusat*, sénateur, de l'Institut.
D'ALEMBERT, par M. *Joseph Bertrand*, de l'Académie française, secrétaire perpétuel de l'Académie des sciences.
VAUVENARGUES, par M. *Maurice Paléologue*.
MADAME DE STAEL, par M. *Albert Sorel*, de l'Académie française.
THÉOPHILE GAUTIER, par M. *Maxime Du Camp*, de l'Académie française.
BERNARDIN DE SAINT-PIERRE, par M. *Arvède Barine*.
MADAME DE LA FAYETTE, par M. le comte *d'Haussonville*, de l'Académie française.
MIRABEAU, par M. *Edmond Rousse*, de l'Académie française.
RUTEBEUF, par M. *Clédat*, professeur de Faculté.
STENDHAL, par M. *Édouard Rod*.
ALFRED DE VIGNY, par M. *Maurice Paléologue*.
BOILEAU, par M. *G. Lanson*.
CHATEAUBRIAND, par M. *de Lescure*.
FÉNELON, par M. *Paul Janet*, de l'Institut.
SAINT-SIMON, par M. *Gaston Boissier*, secrétaire perpétuel de l'Académie française.
RABELAIS, par M. *René Millet*.
J.-J. ROUSSEAU, par M. *Arthur Chuquet*, professeur au Collège de France.
LESAGE, par M. *Eugène Lintilhac*.
DESCARTES, par M. *Alfred Fouillée*, de l'Institut.
VICTOR HUGO, par M. *Léopold Mabilleau*, professeur de Faculté.
ALFRED DE MUSSET, par M. *Arvède Barine*.
JOSEPH DE MAISTRE, par M. *George Cogordan*.
FROISSART, par Mme *Mary Darmesteter*.
DIDEROT, par M. *Joseph Reinach*, député.
GUIZOT, par M. *A. Bardoux*, de l'Institut.
MONTAIGNE, par M. *Paul Stapfer*, professeur de Faculté.
LA ROCHEFOUCAULD, par M. *J. Bourdeau*.
LACORDAIRE, par M. le comte *d'Haussonville*, de l'Académie française.
ROYER-COLLARD, par M. *E. Spuller*.
LA FONTAINE, par M. *Georges Lafenestre*, de l'Institut.

Chaque volume, avec un portrait en héliogravure . . . . . . 2 fr.

Coulommiers. — Imp. Paul BRODARD. — 545-96.

MADAME DE LA FAYETTE

LES GRANDS ÉCRIVAINS FRANÇAIS

MME DE LA FAYETTE

PAR

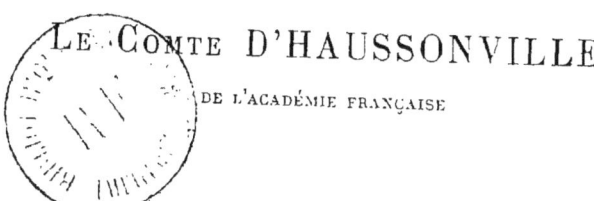

LE COMTE D'HAUSSONVILLE

DE L'ACADÉMIE FRANÇAISE

DEUXIÈME ÉDITION

PARIS
LIBRAIRIE HACHETTE ET Cie
79, BOULEVARD SAINT-GERMAIN, 79

1896

Droits de traduction et de reproduction réservés.

MME DE LA FAYETTE

> .... *Novitas tum florida* regni
> *Pabula dia tulit....*
> (Lucrèce, *de Naturâ rerum.*)

« Parmi les personnes considérables de l'un et de l'autre sexe mortes depuis peu de temps, nous nommerons dame Marguerite de la Vergne. Elle était veuve de M. le comte de la Fayette, et tellement distinguée par son esprit et son mérite qu'elle s'était acquis l'estime et la considération de tout ce qu'il y avait de plus grand en France. Lorsque sa santé ne lui a plus permis d'aller à la Cour, on peut dire que toute la Cour a été chez elle, de sorte que, sans sortir de sa chambre, elle avait partout un grand crédit dont elle ne faisait usage que pour rendre service à tout le monde. On tient qu'elle a eu part à quelques ouvrages qui ont été lus du public avec plaisir et avec admiration. »

La personne considérable dont le *Mercure galant* parlait en ces termes, dans son *Article des morts* de juin 1693, est aujourd'hui, dans cette brillante galerie du xviie siècle, une des figures vers lesquelles les regards et l'imagination se tournent avec le plus de complaisance. Elle n'a pas seulement reçu chez elle toute la cour, ce qui peut nous sembler aujourd'hui assez indifférent; elle a encore été la meilleure amie de Mme de Sévigné, et la Rochefoucauld l'a aimée. Elle n'a pas seulement « eu part à quelques ouvrages qui ont été lus du public avec plaisir et avec admiration » : elle a écrit un des chefs-d'œuvre de notre langue, et enrichi d'une parcelle d'or le trésor de nos jouissances. N'est-ce pas là plus qu'il n'en faut pour expliquer l'attrait qu'inspire le nom seul de Mme de la Fayette, et pour que sa biographie trouve place dans une collection consacrée à la gloire des grands écrivains français ?

J'ai dit sa biographie : est-ce bien là le terme qui convient, et ce mot n'est-il pas un peu lourd, appliqué à une femme qui aimait à répéter : c'est assez que d'être ? On trouve d'ailleurs cette biographie partout, en tête de toutes les éditions de ses œuvres, et si quelques menus faits ont pu échapper aux auteurs de ces nombreuses notices, je n'ai cependant pas la prétention d'apporter ici de l'inédit, sauf quelques lettres dont j'indiquerai plus tard l'origine. Ce que je voudrais retracer, c'est plutôt l'histoire de son âme, et aussi l'histoire de son talent, car ces deux histoires sont inséparables à mes yeux, et l'auteur de *Zayde* serait restée une aimable conteuse, si, dans un livre immortel qui s'appelle la *Princesse de Clèves*, elle n'avait mis le roman de sa vie. Pour retracer cette double histoire, un peu de divination, peut-être même un peu d'imagination seraient nécessaires; mais n'en faut-il pas toujours plus ou moins pour écrire une biographie, et surtout celle d'une femme? Tenir le document ne suffit pas : encore faut-il le faire revivre, et cette vie nouvelle, l'imagination seule peut la donner. Seule, elle peut ressusciter une âme, rétablir le drame de sa destinée, et pénétrer le mystère de ses épreuves, de ses faiblesses ou de ses victoires. Il en est du biographe comme du peintre : s'il ne devine le secret de son modèle, le portrait auquel il s'applique ne sera jamais ressemblant. Ce portrait de Mme de la Fayette — je le sais et je voudrais pouvoir l'oublier — a déjà été dessiné par le crayon brillant de Sainte-Beuve et par le burin vigoureux de Taine; mais il me semble que, même après ces deux grands maîtres, certains traits de l'aimable figure peuvent être, je ne dirai pas retouchés, mais éclairés d'une autre lumière.

I

L'ÉDUCATION ET LE MARIAGE

Ce fut le dix-huitième jour du mois de mars 1634, disent les registres de la paroisse Saint-Sulpice, que fut baptisée en cette paroisse « Marie-Magdeleine, fille de Marc Pioche, écuyer, sieur de la Vergne, et de demoiselle Élisabeth Pena, sa femme. Parrain, Messire Urbain de Maillé, marquis de Brézé; marraine, Marie-Magdeleine de Vignerot, dame de Combalet ». C'est une pièce peu intéressante que le texte d'un acte de baptême; mais il n'y a si mince document dont on ne puisse tirer parfois une indication instructive, et c'est le cas pour celui-ci. Le père de Marie de la Vergne est qualifié d'écuyer : c'était, dans la hiérarchie nobiliaire, le dernier des titres; sa mère, de *demoiselle*, sans épithète. Ses parents étaient donc de très petite noblesse. Par contre, le parrain et la marraine sont de haut lieu : le marquis de Brézé est maréchal de France, chevalier des ordres du roi, conseiller en son conseil, etc. Quant à la marraine, c'est la future duchesse d'Aiguillon, la nièce préférée de Richelieu. Sont-ce des amis? Non, ce sont des supérieurs. Pioche de la Vergne sera gouverneur de Pontoise pour le compte du marquis de Brézé, et il commandera plus tard au Havre, au lieu et place de la duchesse d'Aiguillon, gouvernante en titre. C'étaient surtout des protecteurs qu'en parents avisés, Pioche de la Vergne et Élisabeth Pena avaient cherchés dans le parrain et la marraine de leur fille. Cela suffit à nous montrer que Marie de la Vergne est née au second rang. Nous la verrons conquérir peu à peu le premier, mais, pour y réussir, il lui faudra déployer un certain savoir-faire, et nous n'aurons qu'à nous rappeler son acte de baptême pour comprendre qu'un peu de diplomatie se soit toujours mêlé à son charme et à son génie.

Quelques années après, nous retrouvons Marie de la Vergne à Pontoise. Un obscur poète, du nom de Le Pailleur, nous apprend que son père y commandait au nom du marquis de Brézé :

> Un soldat m'apprit l'autre jour
> Que Pontoise était ton séjour.
> Il me dit que ta chère femme
> Est une bonne et belle dame,
> (Oiseau rare en cette saison),
> Qu'elle garde bien la maison,
> Entretient bien la compagnie,
> Avec la petite Ménie,
> Qui de son côté vaut beaucoup,
> Surtout quand elle fait le loup,
> Son devanteau dessus la tête.

La petite Ménie avait quatre ans quand elle faisait ainsi le loup, en ramenant son tablier (son devanteau) sur sa tête. De Pontoise, elle devait suivre son père au Havre, où il mourut, la laissant, très jeune encore, aux soins d'une mère qui n'était pas de grande protection. Élisabeth ou plutôt Isabelle Pena, car elle est ainsi désignée dans l'acte de mariage de sa fille, descendait d'une famille originaire de la Provence, et, plus anciennement peut-être, de l'Espagne, ainsi que le prénom d'Isabelle semblerait l'indiquer. Ceux qui sont curieux des phénomènes de l'hérédité, me sauront gré de rappeler qu'un sien ancêtre, Hugues de Pena, secrétaire du roi Charles de Naples, reçut, en 1280, des mains de la reine Béatrice le laurier de poëte, et que la famille Pena eut toujours en Provence renom de littérature et d'érudition. Mais de la mère elle-même la fille, à son honneur, n'hérita rien.

Le cardinal de Retz, qui connaissait bien Mme de la Vergne, nous la dépeint comme honnête femme au fond, mais intéressée au dernier point, et plus susceptible de vanité pour toutes sortes d'intrigues sans exception que femme qu'il eût jamais connue. Il raconte en effet qu'il détermina la bonne dame à lui prêter ses bons offices dans une affaire qui était de nature à effaroucher d'abord une prude, et cela en lui persuadant qu'il ne lui demanderait jamais d'étendre ses services au delà de ceux que l'on peut rendre en conscience, pour procurer une bonne et chaste, pure et très sainte amitié. « Je m'engageai, ajoute

Retz, à tout ce qu'on voulut. » Une mère aussi facile à persuader était, comme nous allons le voir tout à l'heure, un chaperon peu sûr. Incapable, au surplus, de se conduire elle-même, elle chercha bientôt un nouvel époux. Sa fille allait avoir seize ans quand elle lui donna un beau-père. La *Muse historique* de Loret, après avoir relaté ce mariage, ajoute malignement :

> Mais cette charmante mignonne
> Qu'elle a de son premier époux
> En témoigne un peu de courroux,
> Ayant cru, pour être fort belle,
> Que la fête serait pour elle,
> Que l'Amour ne trempe ses dards
> Que dans ses aimables regards;
> Que les filles fraîches et neuves
> Se doivent préférer aux veuves,
> Et qu'un de ces tendrons charmans
> Vaut mieux que quarante mamans.

Quelque réalité se cache-t-elle derrière cette malice du gazetier? Marie de la Vergne avait-elle cru effectivement que la fête serait pour elle, et l'homme qui épousa sa mère avait-il en secret fait battre son cœur ? Ici tout est conjecture, et rien, il faut le reconnaître, ne vient au premier abord appuyer cette supposition. Le chevalier Renauld de Sévigné qui épousait Mme de la Vergne était âgé de trente-neuf ans. Quelle apparence y a-t-il qu'il ait plu, sans y tâcher, à une jeune fille qui n'en avait pas seize? Et cependant! Ce n'était pas un homme ordinaire que le chevalier de Sévigné. Original, brave, chevaleresque, on racontait de lui un trait qui était de nature à séduire une imagination romanesque. Engagé, comme chevalier de Malte, dans les guerres d'Allemagne et d'Italie, il trouva un jour, au sac d'une ville, une petite fille de trois ou quatre ans abandonnée sur un fumier. Il ramassa l'enfant dans son manteau, et fit vœu d'avoir soin d'elle toute sa vie. Elle fut, en effet, ramenée par lui en France, et élevée à ses frais dans un couvent jusqu'au jour où elle prit le voile. Entraîné par son attachement au cardinal de Retz dans les guerres de la Fronde, il s'y distingua par sa bravoure, et s'il eut la malchance de commander le régiment de Corinthe, le jour de la *Première aux Corinthiens*, il échappa du moins au ridicule, en demeurant pour mort dans un fossé. Il devait compter plus tard au nombre des pénitents les plus sincères de Port-Royal, sans parvenir cependant à vaincre tout à fait sa nature altière et impétueuse. C'est ainsi qu'il demandait un jour à son confesseur s'il y aurait péché à faire bâtonner par son laquais des polissons qui s'étaient moqués de lui. Cette originalité de caractère, cette générosité, cette bravoure avaient-elles un moment séduit la jeune fille qui aurait ainsi débuté dans la vie par un premier mécompte ? C'est là un mystère impossible à éclaircir, car les méchants vers de Loret peuvent, je le reconnais, s'expliquer beaucoup plus simplement par le dépit naturel à une jeune fille qui songe à se marier, et qui voit sa mère elle-même convoler à de secondes noces. Quoi qu'il en soit, ce mariage eut pour résultat de fixer à Paris l'existence jusque-là un peu errante de Marie de la Vergne. Ce fut au milieu des troubles de la Fronde qu'elle commença d'apparaître dans le monde, tout en s'occupant de compléter, par elle-même, l'éducation assez frivole que lui avait jusque-là donnée sa mère.

Segrais, qui parle souvent de Mme de la Fayette, mais qui ne l'a connue qu'après son mariage, indique comme ayant été les maîtres de sa jeunesse le père Rapin et Ménage. Dans ses intéressants mémoires, le père Rapin ne fait cependant aucune mention de la part qu'il aurait prise à l'éducation de Marie de la Vergne, et il se borne à la dénoncer avec assez d'aigreur comme fréquentant plus tard le salon de Mme du Plessis-Guénégaud « où l'on enseignait l'évangile janséniste ». Quant aux relations de Marie de la Vergne avec Ménage, elles furent des plus étroites, et se prolongèrent même, comme on le verra, bien au delà de ses années de jeunesse.

Dans son introduction à la *Jeunesse de Mme de Longueville*, M. Cousin avait signalé l'existence d'une correspondance entre Mme de la Fayette et Ménage, qui faisait partie d'une collection d'autographes appartenant à M. Tarbé. Cette correspondance se composait de cent soixante-seize lettres, qui, à la mort de M. Tarbé, ont été acquises en vente publique par M. Feuillet de Conches. Le savant collectionneur en préparait la publication lorsque la mort vint mettre un terme à cette longue vie de travail et d'érudition. J'ai dû la communication de cette correspondance aux traditions de bonne grâce et de libéralité que M. Feuillet de Conches a laissées autour de lui, et je pourrai, grâce à ces lettres inédites, marquer d'un trait plus précis la nature des relations qui s'établirent entre Ménage et son élève.

C'était un assez singulier personnage que ce Gilles Ménage, abbé juste autant qu'il le fallait pour avoir droit à un bénéfice, mais pédant autant qu'on peut l'être, avec cela dameret, rempli de prétentions, honnête homme au demeurant et digne, à tout prendre, des amitiés qu'il inspira. Il passait sa vie à être amoureux. Arrivé cependant à la cinquantaine, il crut qu'il était temps de s'arrêter et fit chez ses belles une tournée de visites pour leur annoncer qu'il renonçait à l'amour; mais elles se moquèrent quelque peu de lui, en lui donnant l'assurance que, pour ce qu'il en faisait, il pouvait, sans inconvénients, continuer comme auparavant. C'était un peu son défaut de s'en faire accroire, et d'affecter des airs d'intimité dans les maisons où il n'était pas toujours le bienvenu. Écoutons sur ce point Tallemant des Réaux : « Ménage, dit-il, entre autres dames, prétendait être admirablement bien avec Mme de Sévigné la jeune, et avec Mlle de la Vergne, aujourd'hui Mme de la Fayette. Cependant la dernière, un jour qu'elle avait pris médecine, disait : Cet importun de Ménage viendra tantôt. Mais la vanité fait qu'elles lui font caresse. » Personne à la vérité ne prenait les prétentions de Ménage au sérieux, et, sur ses relations avec ces deux dames on fit courir le quatrain suivant :

> Laissez là comtesse et marquise,
> Ménage, vous n'êtes pas fin,
> Au lieu de gagner leur franchise,
> Vous y perdrez votre latin.

Ménage n'y perdit rien cependant, et son latin lui servit, au contraire, puisque ce fut sous couleur de l'enseigner qu'il entra dans la vie et de la marquise et de la comtesse. On sait ses relations avec Mme de Sévigné alors qu'elle était encore ou jeune fille ou jeune veuve, les tendres sentiments dont il faisait profession pour elle, leurs brouilles, leurs raccommodements, et les jolies lettres qu'à ce propos lui écrivait son ancienne élève. Mais en dépit de cette exquise fin de lettre que lui adressait la marquise : « Adieu, l'ami, de tous les amis le meilleur », Ménage disparaît de bonne heure de la correspondance et de la vie de Mme de Sévigné. Il n'en fut pas de même pour Mme de la Fayette, et cette nouvelle élève lui inspira un sentiment non moins passionné, et plus durable. Mme de Sévigné s'aperçut bien de l'infidélité : « J'ai bien de l'avantage sur vous, écrivait-elle à Ménage, car j'ai toujours continué à vous aimer, quoi que vous en ayez voulu dire, et vous ne me faites cette querelle d'Allemand que pour vous donner tout entier à Mlle de la Vergne ». A défaut de ce témoignage clairvoyant, les œuvres de Ménage seraient là pour attester la préférence qu'il accordait à la seconde élève sur la première. Dans le recueil de ses *Poemata*, contre cinq pièces dédiées à Mme de Sévigné, il n'y en a pas moins de quarante adressées à *Laverna, Maria-Magdelena Piocha*, dit l'*Index*. Ce nom de *Laverna*, sous lequel Ménage célébrait habituellement son écolière, est aussi en latin celui de la déesse des voleurs. De là certains distiques assez désobligeants pour Ménage, souvent accusé de pillage et de contrefaçon littéraires :

> Lesbia nulla tibi, nulla est tibi dicta Corinna,
> Carmine laudatur Cinthia nulla tuo.
> Sed cùm doctorum compiles scrinia vatum,
> Nil mirum si sit culta Laverna tibi.

Ménage ne célébrait cependant pas toujours sa belle sous ce nom rébarbatif. Dans ses poésies françaises ou italiennes il trouve des appellations plus gracieuses. Elle est tantôt Doris, tantôt Énone, tantôt Amarante, tantôt Artémise, mais sous ces déguisements toujours la même, toujours cruelle, inexorable, et n'opposant que froideur aux transports de Ménalque :

> Mais des belles, Daphnis, elle est la plus cruelle.
> Ni des brûlants étés les extrêmes ardeurs,
> Ni des âpres hivers les extrêmes froideurs,
> N'ont rien qui soit égal aux ardeurs de ma flamme,
> Ni rien de comparable aux froideurs de son âme ;
> Et pour me retenir dans ces aimables lieux,
> Tu m'étales en vain ses charmes précieux.

L'ÉDUCATION ET LE MARIAGE.

Des plus rudes climats les glaces incroyables,
Bien plus que ses froideurs, me seront supportables.
Non moins que vos malheurs, non moins que vos discords,
Son orgueil, ses mépris, m'éloignent de ces bords.

Le latin, le français, le grec même, ne suffisent pas à Ménage pour traduire ses sentiments. Il appelle encore à son aide l'italien. Ce fut en effet sur la demande de Marie de la Vergne (une des lettres que j'ai eues sous les yeux en fait foi) qu'il commença l'étude de cette langue. Le maître se refaisait écolier, pour mieux plaire à son élève. Mais à peine s'est-il rendu maître de ce nouvel idiome qu'il s'en sert pour chanter en quatorze madrigaux les charmes et les rigueurs de la *Donna troppo crudele*, désignée cette fois sous le nom de Fillis. S'est-elle piquée la main avec une aiguille, il félicite l'aiguille d'avoir, avec sa pointe subtile, blessé cette beauté superbe que les traits de l'amour n'ont pu atteindre. L'italien l'inspire généralement mieux que le français, et, le genre admis, on ne peut nier que la petite pièce suivante ne soit d'un assez joli tour :

> In van, Filli, tu chiedi
> Se lungo tempore durerà l'ardore
> Ché il tuo bel guardo mi destò nel cuore.
> Chi lo potrebbe dire?
> Incerta, o Filli, è l'ora del morire.

Comment Marie de la Vergne accueillait-elle ces hommages? Il ne faudrait pas, sur la foi de Tallemant, croire que Ménage lui fût importun, et qu'elle lui fît caresse seulement par vanité. Elle paraît au contraire avoir eu pour lui un attachement sincère, et la durée de leurs relations suffit pour en témoigner. Mais cet hommage publiquement rendu à ses charmes par un homme qui avait rang parmi les beaux esprits ne pouvait lui déplaire, et il faudrait qu'elle n'eût point été femme pour y demeurer insensible. Aussi n'a-t-elle garde, malgré les rigueurs dont se plaint Ménalque, de le laisser se détacher d'elle. Elle sait l'apaiser quand il s'irrite, le ramener quand il s'éloigne. Tranchons le mot: elle déploie vis-à-vis de lui un peu de coquetterie, mais coquetterie bien innocente et dont, on va pouvoir en juger, le bon Ménage aurait eu mauvaise grâce à se plaindre. Je ne saurais affirmer que toutes les lettres que je vais citer soient antérieures au mariage de Marie de la Vergne. Aucune n'étant datée, très peu étant signées, j'ai dû grouper, par conjecture, celles qui m'ont paru se rapporter à cette première période de ses relations avec Ménage. On verra plus tard, par la comparaison, combien leur ton diffère de celles que Mme de la Fayette lui adressait dans les dernières années de sa vie.

« Je vous prie de faire mille compliments de ma part à Mlle de Scudéry et de l'assurer que j'ai pour elle toute la tendresse imaginable, moi qui n'en ai guère ordinairement. Vous lui répondrez de cela bien volontiers dans la pensée où vous êtes que je ne suis pas tendre, parce que je ne saute pas au cou de tout le monde. Je vous prie, demandez à Sapho, qui se connaît si bien en tendresse, si c'est une marque de tendresse que de faire des caresses parce que l'on en fait naturellement à tout le monde, et si un mot de douceur d'une *vitrosa beltà* ne doit pas toucher davantage, et persuader plus son amitié que mille discours obligeants d'une personne qui en fait à tout le monde. Je vous soutiens que, quand je vous ai dit que j'ai bien de l'amitié pour vous, et que je suis plus aise de vous avoir comme ami que qui que ce soit au monde, vous devez être satisfait de moi. »

Ménage, on le voit, se plaignait de ce que son écolière n'était pas assez tendre. Parfois il en concevait du dépit, et il s'en allait fâché. Il fallait alors lui écrire, le lendemain matin, pour s'assurer que cette colère était tombée et pour lui demander de revenir :

« Je ne compte point sur la colère où vous étiez hier, car je ne doute point qu'après avoir dormi dessus elle ne soit diminuée, et pour vous montrer que je ne suis point du tout fâchée contre vous, c'est que je vous prie de m'envoyer un Virgile de M. Villeloing et de me venir voir vendredi. »

Quand Ménage n'était pas en colère, il tournait des billets galants, et demandait des rendez-vous. Tout abbé qu'il était, peu lui importait qu'on fût à la veille de Pâques, mais Marie de la Vergne le lui faisait finement sentir :

« Il n'y a rien de plus galant que votre billet. Si la pensée de faire votre examen de conscience vous inspire de telles choses, je doute que la contrition soit forte. Je vous assure que je fais tout le cas de votre amitié qu'elle mérite qu'on en fasse, et je crois tout dire en disant cela. Adieu jusqu'à tantôt. Je ne vous promets qu'une heure de conversation, car il faut retrancher de ses divertissements ces jours-ci. »

Et quelques jours après :

« Vos lettres sont bien galantes. Savez-vous bien que vous y parlez de victimes et de...? Ces mots-là font peur à nous autres qui sortons si fraîchement de la semaine sainte. »

Parfois au contraire Ménage boudait, et se tenait à l'écart. Il fallait alors l'aller chercher, et le ramener par de douces paroles :

« Je ne vous puis assez dire la joie que j'ai que vous ayez reçu avec plaisir les assurances que je vous ai données de mon amitié. Je mourais de peur que vous ne les reçussiez avec une certaine froideur que je vous ai vue quelquefois pour des choses que je vous ai dites, et il n'y a rien de plus rude que de voir prendre avec cette froideur-là des témoignages d'amitié que l'on donne sincèrement, et du meilleur de son cœur. Vous aurez pu voir, par ma seconde lettre, que, quoique j'eusse lieu de me plaindre de ce que vous ne me faisiez pas réponse, ne sachant pas que vous étiez à la campagne, je n'ai pas laissé de vous écrire une seconde fois, et j'aurais continué à vous écrire quand même vous auriez eu la dureté de ne pas me faire réponse. Ce que je vous dis là vous doit persuader que je suis bien éloignée d'avoir pour vous l'indifférence dont vous m'accusez. Je vous assure que je n'en aurai jamais pour vous, et que vous trouverez toujours en moi l'amitié que vous en pouvez attendre. »

Mais lorsque le maître s'obstinait dans sa bouderie, et cherchait à son écolière des querelles injustes, celle-ci le morigénait à son tour, et lui reprochait assez vertement son humeur maussade

« J'aurais raison d'être en colère de ce que vous me mandez que vous ne m'importunerez plus de votre amitié. Je ne crois pas vous avoir donné sujet de croire qu'elle m'importune. Je l'ai cultivée avec assez de soin pour que vous n'ayez pas cette pensée. Vous ne la pouvez avoir non plus de vos visites que j'ai toujours souhaitées et reçues avec plaisir. Mais vous voulez être en colère à quelque prix que ce soit. J'espère que le bon sens vous reviendra, et que vous reviendrez à moi qui serai toujours disposée à vous recevoir fort volontiers.

« Ce jeudi au soir. »

Rien de plus innocent, on le voit, que cette correspondance entre un pédant galantin et une jeune fille de vingt ans. De l'humeur dont était le maître, il fallut cependant à l'élève un certain mélange de douceur et d'habileté pour contenir cette relation dans de justes limites, et pour la transformer en une amitié qui devint (je le montrerai plus tard) une des consolations d'une vie dépouillée.

Il ne faudrait pas croire qu'apprendre le latin et écrire à Ménage fût l'unique passe-temps de Marie de la Vergne. La rentrée de la cour à Paris en 1652 avait mis un terme aux troubles de la Fronde, et donné en quelque sorte le signal de la résurrection à une société que la guerre civile avait dispersée sans la détruire tout à fait, car, même en pleine révolte et anarchie, les salons de Paris n'avaient jamais été complètement fermés. Bien qu'elle fût, suivant une très juste remarque jetée en passant par M. Cousin, d'un tout autre monde que Mme de Longueville, Marie de la Vergne avait sa place marquée dans ces salons. Par le second mariage de sa mère elle se trouvait alliée à la jeune marquise de Sévigné, plus âgée qu'elle de quelques années. Dès cette époque une étroite intimité se noua entre la jeune femme et la jeune fille. Elle avait encore une autre amie, mais moins judicieusement choisie. C'était Angélique de la Loupe, qui devait plus tard, sous le nom de comtesse d'Olonne, se rendre si tristement célèbre par ses débordements. Le hasard avait rapproché Marie de la Vergne et Angélique de la Loupe; elles demeuraient dans deux maisons contiguës. Mais, comme si ce n'eût été assez de rapprochement, Mme de la Vergne (Mme de Sévigné plutôt) avait fait percer une porte dans le mur mitoyen, afin que les deux jeunes filles pussent se voir plus aisément tous les jours. La clairvoyance n'était pas le fait de la bonne dame, comme l'appelait Retz. Une autre anecdote va nous en fournir la preuve.

On sait que ce méchant Bussy s'était amusé, de concert avec le prince de Conti, à dresser avec commentaires une carte du pays de *Braquerie,* où les noms des villes étaient remplacés par des noms de femmes. Sous le couvert de métaphores transparentes, Bussy raconte les assauts que ces villes ont subis, et la défense plus ou moins vigoureuse qu'elles ont opposée. Marie de la Vergne figure dans cette nomenclature : « la Vergne, dit la carte de Braquerie, est une grande ville fort jolie, et si dévote que l'archevêque y a demeuré avec le duc de Brissac qui en est demeuré principal gouverneur, le prélat ayant quitté ». Voilà deux méchancetés d'un coup. Quelle en est l'origine, et Marie de la Vergne y a-t-elle quelque peu prêté? Non pas elle, mais encore sa mère, comme nous allons l'apprendre de la bouche même de celui que Bussy appelle l'archevêque, et que nous avons coutume d'appeler le cardinal de Retz. En 1654, Retz était détenu à Nantes, sous la garde du maréchal de la Meilleraye. La prison n'était pas bien rigoureuse; on lui cherchait tous les divertissements possibles : il avait presque tous les soirs la comédie, et les dames venaient librement lui rendre visite. Laissons-lui maintenant conter son aventure. « Mme de la Vergne, qui avait épousé en secondes noces le chevalier de Sévigné, et qui demeurait en Anjou avec son mari, m'y vint voir et y amena Mlle de la Vergne, sa fille, qui est présentement Mme de la Fayette. Elle était fort jolie et fort aimable, et avait de plus beaucoup d'air de Mme de Lesdiguières. Elle me plut beaucoup, et la vérité est que je ne lui plus guère, soit qu'elle n'eût pas d'inclination pour moi, soit que la défiance que sa mère et son beau-père lui avaient donnée, dès Paris même, avec application de mes inconstances et de mes différentes amours la missent en garde contre moi. Je me consolai de sa cruauté avec la facilité qui m'était assez naturelle. »

Retz a du moins la bonne foi d'avouer sa déconvenue. Mais, en raison même des avertissements qu'elle avait donnés à sa fille, Mme de la Vergne aurait peut-être agi avec plus de prudence en ne l'exposant pas aux médisances d'un Bussy. Quant à ce Brissac « qui serait demeuré principal gouverneur de la Vergne, le prélat ayant quitté », Bussy veut probablement parler de Pierre de Cossé, duc de Brissac, qui avait épousé en 1645 Mlle de Scepeaux, cousine germaine de Retz, et qui, de complicité avec le chevalier de Sévigné, contribua fort à faire évader l'archevêque de sa prison de Nantes. Il n'y a point d'apparence qu'après avoir fermé l'oreille aux galants propos de Retz, Marie de la Vergne ait écouté favorablement ceux d'un homme marié qui n'avait ni autant de séduction ni autant d'esprit. Ce n'est donc là qu'une calomnie de plus à porter au compte de Bussy, et ce serait même lui faire trop d'honneur que de s'arrêter plus longtemps à la réfuter.

Cependant le temps s'écoulait et Marie de la Vergne continuait à traîner sa jeunesse à Paris ou en Anjou sans trouver un mari : elle allait avoir vingt-deux ans, c'est-à-dire qu'elle avait assez sensiblement dépassé l'âge que la coutume assignait à l'établissement des jeunes filles. Malgré son agrément, et sans doute à cause de son peu de fortune, elle ne paraît guère avoir été recherchée. Il fallut l'entremise d'amis pour lui ménager une entrevue avec un seigneur de haute naissance qui avait du bien, et qui occupait un rang honorable dans les armées du roi. Il avait nom Jean-François Motier, comte de la Fayette, et descendait d'une très ancienne famille d'Auvergne. Cette première entrevue pensa mal tourner. S'il faut en croire un chansonnier du temps, le futur décontenancé n'aurait pas trouvé un mot à dire, et se serait retiré sans avoir proféré une parole. Aussi, dit la chanson :

> Après cette sortie,
> On le tint sur les fonts ;
> Toute la compagnie
> Cria d'un même ton :
> La sotte contenance !
> Ah ! quelle heureuse chance
> D'avoir un sot et benêt de mari
> Tel que l'est celui-ci.

Cependant Marie de la Vergne ne se laissa pas rebuter :

> La belle, consultée
> Sur son futur époux,
> Dit dans cette assemblée
> Qu'il paraissait si doux
> Et d'un air fort honnête,
> Quoique peut-être bête.
> Mais qu'après tout pour elle un tel mari
> Etait un bon parti.

Le futur époux se trouva donc agréé, sans enthousiasme, à ce qu'il semble, et le mariage fut célébré à Saint-Sulpice le 15 février 1655.

La duchesse d'Aiguillon, l'ancienne protectrice du père de Marie de la Vergne ; Mme de Sévigné, sa meilleure amie, signèrent au contrat, et la *Muse historique* de Loret annonçait la nouvelle à ses lecteurs en des termes dont les gazetiers de nos jours ne se permettraient pas d'imiter la crudité :

> La Vergne, cette demoiselle
> A qui la qualité de belle
> Convient très légitimement,
> Se joignant par le sacrement
> A son cher amant la Fayette,
> A fini l'austère diète
> Que, dût-elle cent fois crever,
> Toute fille doit observer.

Peu de temps après, M. de la Fayette emmenait sa femme en Auvergne, et ce départ laissait un grand vide dans la petite société où elle avait jusque-là vécu. Mme de Sévigné fut une des plus affectées de ce départ, et sa douleur devint assez publique pour être mise en musique et en vers, dans une romance italienne dont l'auteur inconnu la fait parler ainsi :

> Hor ch' il canto non godo
> Dell 'angel mio terreno,
> Hor ch' altro suon non odo
> Che dei mesti sospir ch' esala il seno,
> Deh! per che mi si nega, o sorte ria,
> Di spirar fra i sospiri l'anima mia.

C'est toujours une situation difficile que d'apparaître devant la postérité comme le mari d'un ange terrestre (*angel terreno*), ou d'une femme d'esprit. Que l'ange s'appelle Laure de Noves, ou la femme Mme du Deffant (je pourrais peut-être citer d'autres noms), il est malaisé pour un homme de se tirer de ce rôle avec élégance. M. de la Fayette ne s'en est pas tiré du tout. Pour nous il n'est même pas arrivé à l'existence. La Bruyère aurait-il pensé à lui lorsqu'il a écrit ce passage célèbre : « Il y a telle femme qui anéantit ou qui enterre son mari au point qu'il n'en est fait dans le monde aucune mention : vit-il encore? ne vit-il plus? on en doute. Il ne sert dans sa famille qu'à montrer l'exemple d'un silence timide et d'une parfaite soumission. Il ne lui est dû ni douaire ni convention; mais à cela près, et qu'il n'accouche pas, il est la femme, elle le mari. » On ne savait point, en effet, jusqu'à présent, comment M. de la Fayette a vécu; et, si l'on était certain qu'il a existé, c'est uniquement parce que Mme de la Fayette est accouchée deux fois.

De ce mari honnête et doux (quoique peut-être bête), Mme de la Fayette ne paraît jamais avoir eu à se plaindre. Une lettre à Ménage qui date des premières années de son mariage et qu'elle lui écrivait d'Auvergne va nous la montrer dans son intérieur de province, et en même temps nous donner d'un mot la note juste de ses sentiments pour son mari :

« Depuis que je ne vous ai écrit, j'ai toujours été hors de chez moi à faire des visites. M. de Bayard en a été une, et quand je vous dirais les autres vous n'en seriez pas plus savant : ce sont gens que vous avez le bonheur de ne pas connaître, et que j'ai le malheur d'avoir pour voisins. Cependant je dois avouer, à la honte de ma délicatesse, que je ne m'ennuie pas avec ces gens-là, quoique je ne m'y divertisse guère ; mais j'ai pris un certain chemin de leur parler des choses qu'ils savent qui m'empêche de m'ennuyer. Il est vrai aussi que nous avons des hommes dans ce voisinage qui ont bien de l'esprit pour des gens de province. Les femmes n'y sont pas, à beaucoup près, si raisonnables, mais aussi elles ne font guère de visites ; par conséquent on n'en est pas incommodé. Pour moi j'aime bien mieux ne voir guère de gens que d'en voir de fâcheux, et la solitude que je trouve ici m'est plutôt agréable qu'ennuyeuse. Le soin que je prends de ma maison m'occupe et me divertit fort : et comme d'ailleurs je n'ai point de chagrins, que mon époux m'adore, que je l'aime fort, que je suis maîtresse absolue, je vous assure que la vie que je mène est fort heureuse, et que je ne demande à Dieu que la continuation. Quand on croit être heureuse, vous savez que cela suffit pour l'être ; et comme je suis persuadée que je le suis, je vis plus contente que ne sont peut-être toutes les reines de l'Europe. »

C'est beaucoup d'être *adorée* d'un époux, lors même qu'on ne ferait que l'aimer fort ; c'est beaucoup aussi d'être laissée par lui maîtresse absolue, et s'il est vrai, comme l'assure Mme de la Fayette : « que quand on croit être heureuse, cela suffit pour l'être », on peut dire qu'elle a été heureuse en ménage, bien que ce bonheur un peu froid ne lui ait pas toujours suffi. Il n'est donc pas surprenant que le nom de M. de la Fayette se retrouve encore jusqu'à deux ou trois fois dans les lettres adressées par sa femme à Ménage, toujours prononcé avec affection et reconnaissance. Pour nous, nous pourrions prendre ici définitivement congé de ce galant homme qui a disparu sans bruit, comme il avait vécu. La date de sa mort avait en effet échappé jusqu'à présent à toutes les recherches. Mais des papiers très curieux, et dont la provenance[1] rend l'authenticité indiscutable, me permettent de donner quelques renseignements sur ce mystérieux personnage. Il résulte

---

1. Voir l'Appendice, p. 215.

d'abord de ces papiers que M. de la Fayette passait presque toute sa vie en Auvergne, à Naddes ou à Espinasse, qui étaient deux terres à lui appartenant. Il réalisait ainsi pour son compte, comme Mme de la Fayette pour le sien, cette double prophétie de la chanson que j'ai déjà citée : le mari

> Ira vivre en sa terre
> Comme monsieur son père ;

et la femme

> Fera des romans à Paris
> Avec les beaux-esprits.

Mais les papiers dont je parle jettent sur la vie conjugale de Mme de la Fayette un jour tout à fait inopiné. De cette disparition absolue du mari, tous les biographes de Mme de la Fayette avaient tiré jusqu'à présent une conclusion fort naturelle : c'est qu'il était mort, et il n'y a pas une de ces biographies où on ne dise qu'elle resta veuve après quelques années de mariage. Or il résulte de l'intitulé d'un inventaire dressé par maître Levasseur, notaire au Chastelet de Paris, que « le décès de haut et puissant seigneur François Motier, comte de la Fayette, est arrivé le vingt-sixième de juin 1683 ». Mme de la Fayette a donc été mariée vingt-huit ans! M. de la Fayette a enterré la Rochefoucauld, qui est mort en 1680! Comment expliquer un évanouissement aussi complet du mari dans la vie d'une femme? Comment M. de la Fayette fut-il à ce point oublié de tout le monde, que Mme de Sévigné, par exemple, qui dans une lettre de 1671 fait mention de la mort d'une sœur de Mme de la Fayette, ne fasse pas dans ses lettres de 1683 mention de la mort de son mari? Quelles causes ont amené de part et d'autre ce relâchement du lien conjugal et, pour dire le mot, cet oubli complet du premier des devoirs : « L'homme abandonnera son père et sa mère, s'attachera à sa femme et ils formeront tous les deux une même chair »? Fut-ce simplement, de la part de M. de la Fayette, sauvagerie croissante et humeur bizarre dont sa femme n'aurait pu s'accommoder? Y eut-il, au contraire, entre le mari et la femme, une de ces scènes violentes, un de ces drames intimes qui rendent à tout jamais la vie commune impossible? Ce n'est point dans des papiers d'affaires et dans des actes notariés qu'on trouve des renseignements de cette nature, et ce sont uniquement des papiers de ce genre que j'ai eus entre les mains. Mais une chose est certaine : c'est qu'il faut renoncer désormais à considérer Mme de la Fayette comme une jeune veuve. Pendant toute la durée de l'épisode la Rochefoucauld, dont je parlerai plus tard, elle était bel et bien mariée, et je suis certain que plus d'un parmi mes prédécesseurs en biographie *fayettiste* enviera cette trouvaille.

Il reste cependant que Mme de la Fayette demeura de bonne heure un peu isolée dans la vie. Cinq ans après son mariage, elle avait perdu sa mère. Son beau-père s'était retiré à Port-Royal, conservant, tout dévot et solitaire qu'il fût devenu, la jouissance de tous les biens que lui avait laissés sa femme. De bonne heure Mme de la Fayette se trouva donc assez isolée dans le monde, mais elle avait trop d'agrément pour que sa solitude tardât longtemps à se peupler. Après une jeunesse un peu obscure et difficile, nous allons la voir entrer dans la phase brillante de son existence.

II

LA COUR ET LE RÉDUIT

Entre le moment où les troubles de la Fronde prirent fin, et celui où le jeune roi, affranchi de la tutelle économe de Mazarin, put se livrer à son goût pour les plaisirs, c'est-à-dire entre 1653 et 1661, il y a une sorte d'interrègne et de pénombre dans l'histoire de la société française. Point de centre; point d'influence. De coquette, Anne d'Autriche était devenue dévote, et il n'y avait pour ainsi dire plus de cour. A Paris, le règne de la marquise de Rambouillet touchait à sa fin, et son salon était presque fermé. Sa fille, la belle Julie, avait fini par épouser le marquis de Montausier, après l'avoir fait attendre seize ans, et l'avait suivi dans son gouvernement de Saintonge. Quelques-uns des amis les plus intimes de la marquise avaient été tués pendant les troubles de la Fronde; elle-même pleurait encore la mort d'un mari qu'elle avait beaucoup aimé. Aussi le sceptre qu'elle avait tenu si longtemps s'était-il échappé de ses mains défaillantes, mais personne ne l'avait ramassé. Les amies de la marquise de Rambouillet s'étaient dispersées ; quelques-unes avaient reformé des petits groupes ; d'autres, qui n'avaient jamais fréquenté l'hôtel de Rambouillet, voulurent en faire autant. Mais les imitateurs ne sont généralement que des sots. Les femmes qui cherchèrent à imiter la marquise de Rambouillet n'échappèrent pas à cette loi, et Molière allait venir qui vouerait sans distinction au ridicule ce nom de *précieuses* dont les femmes les plus distinguées s'étaient fait gloire. Il ne faut pas oublier en effet que Mme de la Fayette fut une précieuse à son heure, tout comme Mme de Sévigné. L'une et l'autre figurent, à ce titre, dans le célèbre dictionnaire de Somaize, Mme de Sévigné sous le nom de Sophronie, et Mme de la Fayette sous celui de Féliciane. « Féliciane, dit Somaize, est une précieuse fort aimable, jeune et spirituelle, d'un esprit enjoué, d'un abord agréable ; elle est civile, obligeante et un peu railleuse ; mais elle raille de si bonne grâce qu'elle se fait aimer de ceux qu'elle traite le plus mal, ou du moins qu'elle ne s'en fait pas haïr. »

Les précieuses avaient alors leurs *réduits*. « Ce sont, dit le même Somaize, des places fortes où l'on s'assemble, autrement dit des ruelles illustres où elles tiennent conversation. » Aussi Féliciane avait-elle le sien, qui rivalisait avec celui de l'illustre Célie Mme de Choisy ou de l'aimable Sophronie, et le langage qu'on y tenait ne ressemblait en rien à celui des Cathos et des Madelon. Nous allons voir tout à l'heure comment ce réduit était peuplé, mais la vie de Mme de la Fayette ne s'y écoulait pas tout entière, et l'honneur d'une amitié illustre devait l'en faire sortir pour la produire sur un théâtre plus brillant.

Par son mariage Mme de la Fayette était devenue la propre belle-sœur de cette Angélique de la Fayette qui, un instant courtisée par Louis XIII, s'efforça d'arracher son royal amant au joug de Richelieu, et qui, vaincue dans cette lutte inégale, quitta fièrement la cour pour enfouir dans un couvent les regrets de son ambitieux amour. Soit devoir, soit inclination naturelle, une relation assez étroite s'était nouée entre les deux femmes. Souvent Mme de la Fayette allait voir sa belle-sœur dans ce grand couvent de Sainte-Marie de Chaillot, un des plus fréquentés qui fût alors, refuge demi-mondain, demi-sacré qui n'imposait point à ses hôtes les austérités du Carmel, et qui ouvrait ses portes non pas seulement au repentir, mais à l'infortune. Là, en effet, avait fini par trouver un asile cette courageuse fille de Henri IV, qui avait offert à son siècle étonné le premier exemple des vicissitudes royales. Bien qu'elle y fût encore obligée de veiller avec soin sur sa maigre dépense, et de tenir ses comptes elle-même « dans un esprit de pénitence et d'humilité », cependant la reine d'Angleterre ne se voyait pas réduite, comme aux premiers temps de son séjour en France, à vendre ses bijoux pour vivre, et sa fille n'était plus obligée de demeurer au lit toute la journée, faute de feu pour se lever. Depuis ces années d'épreuve, la petite princesse avait grandi ; l'enfant était devenue une jeune fille, un peu gauche encore et pas précisément jolie, mais douée déjà de cette puissance de séduction à laquelle un pamphlétaire inconnu n'a pu s'empêcher de rendre hommage en ces termes expressifs : « elle a un certain air languissant, et quand elle parle à quelqu'un, comme elle est toute aimable, on dirait qu'elle demande le cœur, quelque indifférente chose qu'elle puisse dire du reste ». Mais ce n'était pas assez pour Madame (donnons-lui tout de suite le nom sous lequel ses contemporains l'ont aimée) de demander les cœurs. Elle avait encore, suivant la jolie expression d'un fin juge, l'évêque Daniel de Cosnac, « l'art de se les approprier ». Le secret de cet art, c'est qu'elle était prompte à donner le sien. Légère, inconsidérée, coquette, Madame du moins savait aimer, et reconnaître les attachements fidèles. Mme de la Fayette en devait faire l'épreuve. Ses fréquentes visites au couvent de Chaillot lui avaient donné souvent l'occasion de voir la jeune princesse, et, sous la gaucherie de l'enfant, son œil sagace avait su deviner le charme de la femme. Sans doute elle avait su pénétrer aussi les agitations et les anxiétés de cette jeune âme à l'âge incertain où l'enfant devient une femme, et elle s'était intéressée à la destinée encore obscure de cette fille et petite-fille de roi dont l'enfance s'était écoulée presque dans la misère, dont la jeunesse et la beauté naissante s'épanouissaient derrière les grilles d'un couvent, et qui devait se demander parfois avec angoisse si, victime de sa naissance et de sa grandeur, elle ne verrait pas ces grilles se fermer pour jamais sur elle. Les natures aimantes n'oublient jamais la sympathie qu'on leur a témoignée durant ces heures, souvent difficiles, qui séparent l'enfance de la jeunesse, et c'est là, je crois, l'origine de cette liaison intime qui, née dans le parloir d'un couvent, devait se continuer au Palais-Royal et à Saint-Cloud, alors que, devenue la première princesse du sang et l'idole de la cour, l'ancienne pensionnaire de Sainte-Marie de Chaillot voyait jusqu'au roi lui-même regretter tout bas dans son cœur l'étrange aveuglement qui la lui avait fait dédaigner. Comment expliquer autrement l'affection persistante qu'elle ne cessa de témoigner à une femme, de dix ans plus âgée qu'elle, et dont (c'est Mme de la Fayette elle-même qui parle) le mérite sérieux ne semblait pas devoir plaire à une princesse aussi jeune. Cependant, Mme de la Fayette nous en donne une autre explication en disant « qu'elle fut agréable à Madame par son bonheur ». Quel sens attacher à cette explication un peu subtile ? Peut-être faut-il ainsi l'entendre que le contraste avec les intrigues et les émotions de sa propre vie faisait goûter à Madame le charme d'une personne dont la sage conduite savait écarter les agitations et prévenir les orages. Le bonheur de Mme de la Fayette (bonheur un peu volontaire, nous l'avons vu par sa lettre à Ménage, était avant tout l'ouvrage de sa raison, et c'était sa raison que Madame aimait en elle, cette divine raison qui excitait également l'enthousiasme de Mme de Sévigné. Et puis, elle devait aimer aussi chez Mme de la Fayette cette discrétion qui ne demandait rien, et qui cachait son crédit avec autant de soin que d'autres mettaient à l'étaler. « Mme de la Fayette était la favorite de Madame », dit Lefèvre d'Ormesson dans son journal. Singulière favorite qui ne voulait rien être, et qui abandonnait aux autres les titres et les honneurs. Dans l'entourage de Madame, un rôle plus noble revenait à Mme de la Fayette ; elle était l'amie : c'était auprès d'elle que Madame se plaisait à revenir, quand elle était lasse des éclats d'un Guiche, ou des trahisons d'un Vardes. Amie, c'est dire confidente, mais confidente comme il pouvait convenir à Mme de la Fayette de l'être, c'est-à-dire qu'au moment même, Madame ne s'ouvrait pas avec elle sur certaines affaires où son attitude était à tout le moins imprudente. Mais, quand ces affaires étaient passées et presque rendues publiques, elle prenait plaisir à les lui raconter, en les expliquant à sa manière. Enfin Mme de la Fayette fut un des derniers témoins des dernières heures de cette vie si brillante et si courte : ce fut à côté d'elle, la tête presque appuyée sur ses genoux, que Madame s'endormit de ce sommeil, en apparence paisible, dont le réveil devait être si terrible. Ce fut elle qui pendant la durée d'une cruelle agonie recueillit ces paroles de plainte et de résignation, si touchantes qu'après deux siècles écoulés nous ne pouvons en entendre encore l'écho sans émotion. Ce fut à elle enfin que, dans l'angoisse de la mort, Madame s'adressa pour demander avec instance un confesseur, sachant bien que, dans ce monde d'étiquette et d'apparat dont elle était environnée, seule Mme de la Fayette l'aimait assez véritablement pour penser à chose plus importante encore que sa vie. A cette heure suprême où les favorites s'éloignent, l'amie fidèle était toujours là, et ce fut dans ses bras que Madame expira.

Cette illustre amitié fut l'origine du crédit que Mme de la Fayette conserva toujours à la cour. Au Palais-Royal, à Saint-Cloud, elle avait eu souvent occasion de voir, dans l'intimité, le grand dispensateur de toutes les faveurs, auquel s'adressaient sans relâche les sollicitations et les appétits. Le charme discret de Mme de la Fayette n'avait rien pour attirer les regards d'un jeune souverain épris d'éclat et de beauté, qui dérobait encore à la surveillance jalouse de sa mère les premiers écarts de sa fougue amoureuse. Il ne put manquer cependant de remarquer à la longue la présence assidue et l'attitude réservée de cette femme qui, se tenant à l'écart de toutes les intrigues, ne savait rien (en apparence du moins), ne se mêlait à rien, et ne semblait point préoccupée de mettre à profit pour elle-même la faveur dont elle jouissait. Peu accoutumé à cette discrétion, le roi en dut sentir et apprécier le contraste. Mais cette froide estime ne suffirait pas pour expliquer le traitement que Mme de la Fayette reçut toujours de lui. Un lien plus intime devait s'établir entre eux : celui d'un souvenir commun et d'une douleur commune. Ils s'étaient trouvés l'un et l'autre auprès du lit de mort de Madame, partageant ses dernières paroles, échangeant leurs angoisses, et mêlant leurs larmes, car la mort de Madame est une des rares circonstances, peut-être la seule, où Louis XIV ait pleuré. Ces heures où deux cœurs ont souffert ensemble sont de celles qu'on n'oublie point, fût-on le roi, et le roi ne les oublia pas. Jamais Mme de la Fayette ne l'implora en vain pour les autres ou pour elle-même, c'est-à-dire pour les siens; et c'est là l'explication de ce crédit qui faisait à la fois l'envie et l'étonnement de ses contemporains. Le souvenir de Madame commençait déjà à s'effacer quand, un jour, Mme de la Fayette vint à Versailles solliciter le roi. A la surprise de tous les courtisans, il la fit monter dans sa propre calèche, et, durant tout le cours de la promenade, il n'adressa la parole qu'à elle, « prenant plaisir à lui montrer les beautés de Versailles, comme un particulier que l'on va voir dans sa maison de campagne ». Une lettre de Mme de Sévigné nous a conservé le souvenir de cette promenade triomphale. Mais était-ce bien à Mme de la Fayette elle-même que s'adressaient ces hommages d'un souverain alors dans tout l'éclat de sa gloire? Non : c'était aux souvenirs d'un passé dont ni ses amours ni ses victoires ne lui avaient fait oublier les émotions secrètes, car c'était sa jeunesse qui reparaissait inopinément ainsi sous ses yeux; c'était Madame elle-même qui revivait pour un jour sous les traits de la personne qu'après le roi elle avait le plus véritablement aimée. Peut-être, durant le cours de cette promenade, son nom ne vint-il pas une seule fois sur leurs lèvres; mais son image était présente entre eux, et la faveur que Mme de la Fayette était venue demander au roi, ce fut à Madame qu'il l'accorda.

Même du vivant de la princesse les visites à la cour, les voyages à Versailles ou à Fontainebleau n'étaient qu'un rare épisode dans la vie de Mme de la Fayette. Depuis la mort de Madame, elle s'enferma de plus en plus dans son réduit; c'est là, si nous voulons la connaître, qu'il nous faut la voir vivre, au milieu d'amis dont les uns répondaient aux goûts de son esprit, et les autres aux exigences de son cœur. Commençons par les premiers.

Les fonctions de Ménage, comme maître de latin et d'hébreu, ne devaient pas cesser avec le mariage de son élève. La correspondance, dont j'ai déjà cité quelques fragments, montre qu'elle continuait de travailler sous sa direction. Mais Ménage rencontra bientôt auprès d'elle un concurrent redoutable. Je veux parler de Huet, le futur évêque d'Avranches. Il ne faut pas mettre les deux hommes sur le même pied. Ménage était un pédant qui n'a laissé que des poésies galantes. Huet au contraire était un homme d'un vrai mérite, d'une érudition très solide et très étendue pour son temps. La longue liste de ses ouvrages comprend à la fois une traduction des amours de *Daphnis et*

Chloé (écrite à dix-huit ans, ajoute son biographe pour l'excuser), une *Demonstratio Evangelica* en deux volumes, une *Histoire du commerce et de la navigation chez les anciens* et une *Dissertation sur l'emplacement du paradis terrestre*. L'étude avait toujours été sa passion. « A peine avais-je quitté la mamelle, dit-il dans les *Huétiana*, que je portais envie à tous ceux que je voyais lire. » Cette passion ne fit que s'accroître avec les années, et, comme aux paysans de son diocèse d'Avranches qui venaient lui demander audience, son secrétaire répondait souvent que Monseigneur ne pouvait les recevoir parce qu'il étudiait, ceux-ci disaient dans leur naïveté : « Le roi devrait bien nous envoyer un évêque qui ait fini ses études ». Mais il n'entra que tard dans les ordres, à l'âge de quarante-six ans, et comme il était né à peu près vers la même époque que Mme de la Fayette, une relation assez étroite avait eu le temps de s'établir entre eux avant qu'il quittât Paris pour aller prendre possession de l'abbaye d'Aunay, son premier bénéfice. Cette relation fut toute intellectuelle, et il ne semble pas que l'amitié y ait tenu grande place. Dans les lettres que Mme de la Fayette adresse à Huet elle ne fait guère que l'entretenir de ses lectures et de ses études, en s'excusant le plus souvent *de la paresse où elle se baigne*. « Je fais une vie fort inutile, lui écrit-elle un jour, elle n'en est pas moins agréable. Hors de travailler pour le ciel, je commence à trouver qu'il n'y a rien de meilleur à faire que de ne rien faire. » Et dans une autre lettre : « Si vous saviez comme mon latin va mal, vous ne seriez pas si osé que de me parler d'hébreu. Je n'étudie point, et par conséquent je n'apprends rien. Les trois premiers mois que j'appris me firent aussi savante que je le suis présentement. Je prends néanmoins la liberté de lire Virgile, toute indigne que j'en suis; mais si vous, monsieur son traducteur, le rendez aussi peureux et aussi dévot qu'il l'est, je crois qu'il faut l'envoyer coucher, plutôt que de le mener faire la guerre en Italie, et l'envoyer à vêpres, au lieu de le conduire dans la grotte avec Didon. »

Il n'est cependant pas toujours question de latin dans les lettres de Mme de la Fayette. Parfois elle plaisante l'activité de Huet et ses fréquents voyages. « Seigneur Dieu, monsieur, lui dit-elle, vous allez et venez comme pois en pot. Qui donc vous fait si bien trotter? Il semblerait quasi que ce serait l'amour, à vous voir aller si vite, et il me semble qu'il n'y a que pour son service qu'on fasse tant de chemin. » Puis elle continue après lui avoir dit quelques paroles obligeantes sur le regret qu'elle éprouve de son absence : « Pour n'être pas une amie si tendre et si flatteuse que de certaines femmes, je suis cependant une bonne amie. Adieu : vous pouvez encore compter cette lettre-ci au nombre de celles qui sont à la glace; mais j'ai la migraine. »

Huet ne se plaignait pas seulement que les lettres de Mme de la Fayette fussent à la glace. Il trouvait encore que ces lettres n'étaient pas assez fréquentes, et Mme de la Fayette s'en excusait auprès de lui alléguant toujours sa paresse.

« Le 29 août 1663.

« J'ai aujourd'hui la main à la bourse pour payer mes dettes, c'est-à-dire à la plume, pour faire réponse à tous ceux à qui je la dois. Je vous paie des derniers, et vous courez risque d'avoir de la méchante monnaie. Voici la dixième lettre que j'écris depuis deux heures; cela veut dire que je ne sais tantôt plus ce que j'écris. Vous perdez beaucoup que je n'aie pas commencé par vous; car je vous assure que mes premières lettres sont très éloquentes. Je m'en suis surprise moi-même, et j'ai songé si je n'avais point lu Balzac depuis peu. De mon ordinaire je ne donne pas dans l'éloquence, si bien que je ne sais à qui ni à quoi me prendre de la mienne.

« Je suis tantôt au bout de mon latin; c'est du mien dont je suis à bout, et non pas du latin en général. Je n'étudie plus du tout qu'une demi-heure par jour; encore n'est-ce que trois fois la semaine. Avec cette belle application-là, je fais un tel progrès que j'ai tantôt oublié tout ce que j'avais appris. A proportion de cela, si je m'engage à apprendre l'hébreu de Votre Grandeur devant que de mourir, il faut que je m'engage à obtenir une manière d'immortalité pour vous et pour moi; les années de la Sibylle y suffiraient à peine. »

Huet n'apprit point l'hébreu à Mme de la Fayette, mais, pour lui plaire, il composa une « Lettre sur l'origine des romans » qui était destinée à paraître en tête de *Zayde*. L'érudit et le futur homme d'Église avait soin de mettre sa gravité à l'abri en traitant les romans « d'agréable passe-temps des honnêtes paresseux » et en ajoutant que « la fin principale des romans, ou du moins celle qui le doit être, est l'instruction des lecteurs, à qui ils doivent toujours faire voir la vertu couronnée et le vice châtié ». Mais c'était déjà un grand triomphe pour Mme de la Fayette que d'avoir arraché Huet à son *Commentaire sur Origène* pour lui servir d'introducteur auprès du public, lors même qu'elle se cachait encore sous le nom de Segrais. Elle l'en récompensa par un mot plaisant qui a été souvent cité. « Nous avons, lui disait-elle, marié nos enfants ensemble. » Cette alliance a pu rendre Ménage jaloux; mais à la longue, ce fut lui qui l'emporta sur Huet, car il resta l'ami des dernières années. En 1676, Huet entra dans les ordres; il quitta Paris, où il ne devait revenir qu'après la mort de Mme de la Fayette, et comme un attachement véritable n'existait point entre eux, ils devinrent, au bout de quelque temps, étrangers l'un à l'autre.

Segrais, dont le nom se rencontre souvent dans les biographies de Mme de la Fayette, compte également au nombre de ses amis littéraires. Je marquerai plus tard la place qu'il faut, suivant moi, lui faire comme collaborateur; je n'entends pour l'instant parler que du commensal. Segrais, gentilhomme ordinaire de Mademoiselle et membre de l'Académie française, fut un de ceux qui fréquentèrent de bonne heure le réduit de Féliciane. Plus tard, quand, disgracié par son altière maîtresse, il se vit sans place et sans logis, Mme de la Fayette lui offrit un appartement, et le recueillit dans son hôtel jusqu'au jour où Segrais se maria et s'établit à Caen. Moins érudit que Huet, moins pédant que Ménage, Segrais est le type de l'homme de lettres qui est en même temps homme de bonne compagnie. Ses *Églogues*, son *Athys*, poème pastoral, ses *Divertissements de la princesse Aurélie* n'ont guère aujourd'hui de lecteurs; mais il n'en est pas de même de ses *Mémoires et Anecdotes*, où il a consigné nombre de ces petits faits de la vie sociale et littéraire d'autrefois dont nous sommes devenus si friands. Le nom de Mme de la Fayette revient en quelque sorte à chaque page des *Segraisiana*. C'est à Segrais qu'ont été empruntés la plupart de ces traits qu'on trouve reproduits dans toutes les biographies de Mme de la Fayette, et qu'on hésite à rappeler tant ils sont connus. Par lui nous savons qu'en fait de latin, elle n'avait pas tardé à en remontrer à son maître, et qu'elle tira un jour d'embarras Ménage et le père Rapin qui ne s'entendaient pas sur le sens d'un passage de Virgile. Par lui nous savons encore que Huygens, se promenant en carrosse avec elle, « lui demanda brusquement ce que c'était qu'un iambe et qu'elle répondit sans hésitation : C'est le contraire d'un trochée », réponse dont l'exactitude étonna fort le Hollandais. Mais, par lui, nous savons également avec quel soin Mme de la Fayette cachait ce qu'elle savait pour ne point offenser les autres femmes, et quelle crainte elle avait de paraître pédante. Segrais marque aussi d'un trait juste la supériorité de Mme de la Fayette sur la marquise de Rambouillet, lorsqu'après avoir consacré deux pages entières à célébrer les louanges de la marquise, il ajoute ces simples mots : Mme de la Fayette avait beaucoup appris d'elle, mais Mme de la Fayette avait l'esprit plus solide ». « Mlle de Scudéry, dit-il encore ailleurs, a beaucoup d'esprit, mais Mme de la Fayette a plus de jugement. Mme de la Fayette me disait que, de toutes les louanges qu'on lui avait données, rien ne lui avait plu davantage que deux choses que je lui avais dites : qu'elle avait le jugement au-dessus de l'esprit, et qu'elle aimait le vrai en toutes choses et sans dissimulation. C'est ce qui a fait dire à M. de la Rochefoucauld qu'elle était vraie, façon de parler dont il est auteur, et qui est assez en usage. Elle n'aurait pas donné le moindre titre à qui que ce fût si elle n'eût été persuadée qu'il le méritait, et c'est ce qui a fait dire à quelqu'un qu'elle était sèche, quoiqu'elle fût délicate. » Solide, vraie, délicate avec un peu sinon de sécheresse, du moins de froideur apparente, c'est bien ainsi que Mme de la Fayette nous apparaît aujourd'hui, et de tous les hommes de lettres qui l'ont environnée, Segrais est assurément celui chez lequel elle a rencontré l'admirateur le plus judicieux.

A un bien moindre degré d'intimité, La Fontaine fut aussi et par intervalles sinon des amis, du moins des familiers de Mme de la Fayette. Mais son service auprès d'elle dut être bien intermittent. Entre la duchesse de Bouillon, Mme de la Sablière, la Champmeslé et d'autres encore, on ne voit pas trop quelle place il pouvait lui faire dans sa vie. Dans l'œuvre de La Fontaine, il reste cependant trace de leurs relations. Par suite de je ne sais quelles circonstances, il avait été amené à lui faire don d'un petit billard, et, comme le présent était modeste, il crut devoir l'accompagner de ces vers :

> Le faste et l'amitié sont deux divinités
> Enclines, comme on sait, aux libéralités.
> Discerner leurs présents n'est pas petite affaire.
> L'amitié donne peu ; le faste beaucoup plus ;
> Beaucoup plus aux yeux du vulgaire.
> Vous jugez autrement de ces dons superflus.

Des grands écrivains du xviie siècle, La Fontaine est le seul (si nous en exceptons la Rochefoucauld) avec lequel Mme de la Fayette entretenait des relations familières. Cependant à la petite cour de Madame elle avait rencontré Bossuet, et voici comment elle parle de lui dans une lettre adressée à Huet, lorsque celui-ci fut nommé sous-précepteur du Dauphin : « Vous devez avoir beaucoup de joie d'avoir M. de Condom. Il est fort de mes amis, et je vous puis répondre par avance qu'il sera des vôtres. Nous avons déjà parlé de vous. C'est le plus honnête homme, le plus droit, le plus doux et le plus franc qui ait jamais été à la cour. » Nous n'avons point sur Mme de la Fayette le jugement de Bossuet, mais nous avons par contre celui de Boileau, cet appréciateur si fin et si juste de tous les mérites de son siècle.

« Mme de la Fayette, disait-il, est la femme qui écrit le mieux, et qui a le plus d'esprit. » Un fragment de lettre de Racine nous apprend qu'il l'avait rencontrée à la petite cour de Madame. Déjà, au surplus, ses contemporains rapprochaient son nom de ces noms illustres, comme s'ils avaient eu la divination du rang élevé auquel l'admiration de la postérité la porterait. Ménage raconte qu'en 1675 Mme de Thianges donna en étrennes au duc du Maine une chambre toute dorée, grande comme une salle. « Au-dessus de la porte il y avait en grosses lettres : *chambre du sublime*. Au dedans un lit et un balustre, avec un grand fauteuil dans lequel était assis le duc du Maine, fait en cire et fort ressemblant. Auprès de lui, M. de la Rochefoucauld, auquel il donnait des vers pour les examiner; autour du fauteuil, M. de Marsillac et M. Bossuet, alors évêque de Condom. Au bout de l'alcôve, Mme de Thianges et Mme de la Fayette lisaient des vers ensemble. Au dehors du balustre, Despréaux, avec une fourche, empêchait sept ou huit méchants poètes d'approcher. Racine était auprès de Despréaux, et un peu plus loin La Fontaine auquel il faisait signe d'avancer. » Certes Mme de la Fayette était bien à sa place dans cette chambre du sublime, entendez par là le génie joint au bon goût. Mme de Thianges aurait eu meilleure grâce à ne point s'y faire représenter elle-même, mais cette sœur avisée de Mme de Montespan donnait une preuve nouvelle de l'esprit et du sens juste des Mortemart, en rapprochant ainsi celle qui devait écrire l'histoire d'Henriette d'Angleterre de celui qui avait prononcé son oraison funèbre, celle qui allait faire paraître la *Princesse de Clèves* de celui qui avait écrit *Bérénice*.

III

LES AMIS

J'ai hâte cependant de faire sortir Mme de la Fayette de cette chambre dorée. L'y laisser trop longtemps serait donner à croire qu'elle fut une sorte de Mlle de Scudéry du grand monde, faisant concurrence aux romans de Sapho et à ses Samedis. Or il n'y avait rien dont Mme de la Fayette eût horreur autant que de passer pour une femme auteur. Comme elle cachait son latin, elle s'amusait aussi à cacher ses œuvres. Elle a moins vécu par l'esprit que par le cœur, et c'est par le cœur qu'elle est arrivée au génie. Deux sentiments se sont partagé ce cœur : son amitié pour Mme de Sévigné, son attachement pour la Rochefoucauld. Commençons par Mme de Sévigné. Aussi bien est-elle la première, en date du moins.

Lorsque, dans la lettre célèbre où elle annonce à Mme de Guitaut la mort de Mme de la Fayette, Mme de Sévigné faisait remonter à quarante années en arrière l'origine de leurs relations, ce n'était point paroles en l'air que lui arrachait la douleur. Mme de la Vergne s'était remariée en effet en 1650 avec l'oncle du marquis de Sévigné, qui vivait encore à cette époque. Marie de la Vergne, un peu isolée jusque-là par son éducation et sa vie errante, avait été heureuse de trouver dans la famille de son beau-père une amie de quelques années, il est vrai, plus âgée qu'elle, mais cependant toute jeune encore. La mort du mari indigne, que, suivant l'expression de Loret, Mme de Sévigné *lamenta* de si bon cœur, dut encore les rapprocher. Mme de Sévigné se trouvait veuve à vingt-six ans. Ses enfants étaient en bas âge; son cœur était libre; elle n'avait personne sur qui reporter ce fond sinon de passion, du moins de tendresse exubérante qui était en elle. Elle s'éprit, le mot n'est pas trop fort, de sa jeune amie, et, jusqu'à l'époque du mariage de Marie de la Vergne, elle vécut avec celle-ci sur le pied de la plus étroite intimité.

Il arrive parfois que ces liaisons de jeunesse, précisément en raison de ce qu'elles ont d'un peu ardent et excessif, se relâchent avec les années. Les cœurs qui aiment à aimer se prennent d'abord où ils peuvent, et leurs amitiés sont de véritables passions; puis l'amour vrai survient qui remet les choses en leur place, et le premier lien, sans se briser, perd un peu de sa force. Il n'en fut point ainsi entre Mme de Sévigné et Mme de la Fayette. Leur amitié fut sans nuages; c'est le mot dont Mme de Sévigné se sert elle-même; et en effet leur liaison, surprise en quelque sorte sur le vif par la publication de leurs lettres, ne paraît pas avoir connu un jour d'éclipse. S'il y eut parfois contestation entre les deux amies, ce fut sur cet unique point : laquelle des deux aimait mieux l'autre? « Résolvez-vous, ma belle, écrivait Mme de la Fayette à Mme de Sévigné, à me voir soutenir toute ma vie, à la pointe de mon éloquence, que je vous aime encore plus que vous ne m'aimez. » Mme de Sévigné semblait bien s'avouer vaincue, lorsqu'elle écrivait à Mme de Grignan : « Mme de la Fayette vous cède sans difficulté la première place auprès de moi. Cette justice la rend digne de la seconde. Elle l'a aussi. » A l'époque où survint cette contestation, Mme de Sévigné, avec un peu de malice, aurait pu répondre à Mme de la Fayette que, dans ses sentiments, elle aussi n'occupait que la seconde place. Mais, durant leur première jeunesse, elles avaient été véritablement tout l'une pour l'autre, vivant, à Paris comme à la campagne, dans une étroite intimité, d'une même vie de monde et de divertissements. C'était à cette vie commune que pensait Mme de Sévigné, lorsque, bien des années après, elle écrivait à Mme de Grignan : « Nous avons dit et fait bien des folies ensemble. Vous en souvenez-vous? » Quelles étaient donc ces folies que les deux amies avaient dites et faites ensemble, et dont Mme de Grignan pouvait se souvenir? Sans doute, Mme de Sévigné fait allusion à leurs fréquents séjours au château de Fresnes en Brie, chez Mme du

Plessis-Guénégaud, la sœur du maréchal de Praslin. Mme du Plessis-Guénégaud était une de ces femmes qui s'étaient partagé l'héritage de Mme de Rambouillet, et qui s'efforçaient de continuer les traditions d'Arthénice. Les principaux personnages de sa société avaient gardé la coutume de se donner mutuellement des noms tirés de la mythologie et du roman : Mme du Plessis-Guénégaud était Amalthée, et M. du Plessis Alcandre; Pomponne, grand ami de la maison, était Clidamant. Mme de Sévigné et Mme de la Fayette y devaient être désignées sous leur nom de précieuses : Sophronie et Féliciane. Cette société raffinée s'était donné à elle-même un sobriquet assez vulgaire : les *Quiquoix*, et les *Quiquoix* se livraient à toutes sortes d'espiègleries. De ces espiègleries Mme de la Fayette était généralement la victime; elle se plaint dans une lettre à Pomponne d'être le souffre-douleurs à Fresnes, et qu'on se moquait d'elle incessamment. Mlle de Sévigné prenait part à ces gaietés. On mandait à Pomponne, alors ambassadeur en Suède, qu'on la *salait*, et il paraît que ce *salement*, auquel Pomponne regrettait de n'avoir pas assisté, fut fort drôle. On a quelque peine à se figurer Mme de la Fayette se mêlant à ces drôleries. Mais elle ne fut pas toujours la personne maladive et mélancolique que nous nous figurons, et elle eut, comme presque toutes les femmes, une période de gaieté juvénile. De cette période il reste un témoignage, un document, comme on dit aujourd'hui, c'est le portrait qu'en 1659, sous un nom supposé et un nom d'homme, Mme de la Fayette a tracé de Mme de Sévigné. C'est la première œuvre de sa plume. Je ne puis le citer en entier, mais j'en reproduirai ces quelques traits si fins et si justes : « Votre âme est grande, noble, propre à dispenser des trésors, et incapable de s'abaisser aux soins d'en amasser. Vous êtes sensible à la gloire et à l'ambition et vous ne l'êtes pas moins aux plaisirs; vous paraissez née pour eux et il semble qu'ils sont faits pour vous. Votre présence augmente les divertissements, et les divertissements augmentent votre beauté lorsqu'ils vous environnent. Aussi la joie est l'état véritable de votre âme et le chagrin vous est plus contraire qu'à qui que ce soit. Vous êtes naturellement tendre et passionnée, mais à la honte de notre sexe, cette tendresse vous a été inutile et vous l'avez renfermée dans le vôtre en la donnant à Mme de la Fayette. »

« La joie est l'état véritable de votre âme. » Comme c'est bien ainsi que Mme de Sévigné nous apparaît encore à travers deux siècles écoulés, joyeuse non pas de cette joie frivole qui ne connaît ni les troubles de la passion ni les tristesses de la condition humaine, mais de cette joie sereine qui marque la force de l'esprit et la santé de l'âme. De tous les portraits qui ont été tracés d'elle, celui de Mme de la Fayette demeure le plus exact à la fois et le plus brillant.

Le moment approchait cependant où sans cesser « de la renfermer dans son sexe », Mme de Sévigné ne devait plus donner à Mme de la Fayette une aussi large part de tendresse. Ce fut l'amour maternel qui relégua l'amie de jeunesse à cette seconde place dont elle déclarait se contenter. Il semble qu'ainsi rassurée, Mme de Grignan aurait dû savoir gré à cette amie fidèle de tenir sa place pendant ces longues séparations si dures au cœur de Mme de Sévigné, et de l'environner des soins qu'elle-même ne pouvait lui donner. Ce fut, elle aurait dû se le rappeler, chez Mme de la Fayette que, quelques heures après son départ, sa mère se rendit en sortant de ce couvent de la Visitation où elle s'était d'abord enfermée pour sangloter sans témoins, et pendant plusieurs jours elle ne voulut voir que cette seule amie « qui redoublait ses douleurs par la part qu'elle y prenait ». Mais telle que nous la devinons, à travers la correspondance de Mme de Sévigné, Mme de Grignan n'était point femme à sentir ces choses. Loin de lui savoir quelque gré des soins dont elle environnait sa mère, elle nourrissait au contraire contre Mme de la Fayette des sentiments de malveillance que Mme de Sévigné ne parvenait pas à désarmer. « Vous êtes toujours bien méchante, écrit-elle à sa fille, quand vous parlez de Mme de la Fayette. » D'où provenaient cette malveillance et cette froideur ? D'un peu de jalousie filiale ? Ce sentiment serait encore à l'honneur de Mme de Grignan. Mais je crains qu'il ne faille chercher une autre interprétation.

Mme de Grignan, en personne avisée, avait sans doute deviné que son frère, l'aimable et séduisant marquis de Sévigné, avait trouvé en Mme de la Fayette un protecteur contre la partialité de sa mère, toujours disposée à sacrifier à cette fille préférée les intérêts de ce fils méconnu. « Votre fils sort d'ici, écrivait un jour Mme de la Fayette à Mme de Sévigné; il m'est venu dire adieu et me prier de vous dire ses raisons sur l'argent. Elles sont si bonnes que je n'ai pas besoin de vous les expliquer tout au long;... et de plus, la grande amitié que vous avez pour Mme de Grignan fait qu'il en faut témoigner à son frère. » Le conseil était bon. Pour peu qu'il ait été suivi, et que Mme de Grignan en ait deviné l'auteur, la malveillance s'explique, sans même qu'il soit besoin de supposer, comme l'a fait M. Walckenaer dans son intéressant ouvrage sur Mme de Sévigné, qu'un peu ménagère de son crédit à la cour, Mme de la Fayette ne l'ait pas mis toujours avec assez d'empressement au service des Grignan. Le grief serait, en tout cas, sans fondements; nous voyons, au contraire, par les lettres de Mme de Sévigné que Mme de la Fayette ne cessait de porter intérêt aux affaires de ces Grignan, toujours besogneux et en quête de faveurs. La vérité est qu'il y avait entre les deux femmes incompatibilité d'humeur; la sécheresse positive de l'une ne pouvait faire bon ménage avec la sensibilité un peu maladive de l'autre, et ce n'est pas à Mme de la Fayette que la malveillance de Mme de Grignan fait du tort.

Mme de la Fayette n'hésitait pas, on vient de le voir, à donner à son amie des conseils excellents, lors même qu'ils ne lui étaient pas demandés. Parlant d'elle et de son autre amie, Mme de Lavardin, Mme de Sévigné les appelait en plaisantant : *mes docteurs* ; et ce n'est point docteurs en médecine qu'elle entend, mais docteurs ès sciences morales. Parfois, en effet, Mme de la Fayette était un peu régente, mais parfois aussi et toute disposée qu'elle fût à s'incliner devant la raison de son amie, Mme de Sévigné lui tenait tête. Ce fut ainsi qu'elle sut résister à une lettre « écrite sur le ton d'un arrêt du conseil d'en haut », que Mme de la Fayette lui adressa un jour de Paris, en apprenant qu'un peu gênée d'argent, elle comptait passer l'hiver aux Rochers : « Il est question, ma belle, qu'il ne faut point que vous passiez l'hiver en Bretagne, à quelque prix que ce soit. Vous êtes vieille; les Rochers sont pleins de bois; les catarrhes et les fluxions vous accableront; vous vous ennuierez; votre esprit deviendra triste et baissera; tout cela est sûr; il y a de la misère et de la pauvreté à votre conduite. Il faut venir dès qu'il fera beau. »

Mme de Sévigné répond en badinant, et en donnant sa parole de ne point être malade, de ne point vieillir, de ne point radoter. Mais elle n'en est pas moins un peu émue du ton de cette lettre, et elle trouve que son amie se presse bien de la traiter de vieille. A la réflexion, la vivacité même de cette lettre lui fait cependant plaisir; car elle y découvre la force de l'amitié que Mme de la Fayette a pour elle. Elle n'en tint pas moins bon dans sa résistance, et le conseil d'en haut en fut pour son arrêt.

Ce rôle de consolatrice ou de docteur n'est pas toujours celui qu'on voit jouer à Mme de la Fayette dans la vie de son amie. Bien que le temps de la jeunesse fût passé, et qu'il ne fût plus question des folies de Fresnes, elles avaient conservé des distractions et des occupations communes. Ensemble elles allaient à l'Opéra entendre *Alceste*, et la musique de Lulli les ravissait jusqu'aux larmes. « L'âme de Mme de la Fayette en est toute alarmée », écrivait le lendemain Mme de Sévigné. Ou bien, dans la petite maison de Gourville à Saint-Maur, elles entendaient, avec moins d'émotion sans doute, la lecture de la *Poétique* de Despréaux. Ou bien encore Mme de Sévigné entraînait Mme de la Fayette aux sermons de Bourdaloue. Il leur disait de divines vérités sur la mort, et Mme de la Fayette, qui l'entendait pour la première fois, en revenait transportée d'admiration. Le jour même où elles avaient été ainsi en Bourdaloue, elles allaient également en Lavardinage ou Bavardinage, chez Mme de Lavardin, cette autre amie fidèle dont la mort précéda de peu celle de Mme de la Fayette, et là s'engageaient des conversations où le prochain n'était pas toujours ménagé. Mais peu à peu Mme de la Fayette, empêchée par sa faible santé, restreignait le nombre de ses sorties, et Mme de Sévigné prenait de plus en plus l'habitude d'aller chez elle. Comme Mme de Sévigné venait de l'hôtel Carnavalet, c'est-à-dire du Marais, et que Mme de la Fayette demeurait rue de Vaugirard, Mme de Sévigné appelait cela : aller au faubourg, et il lui semblait que c'était un grand voyage. Aussi lui faisait-elle de longues visites; elle s'installait en quelque sorte chez son amie, et en l'y accompagnant nous aurons l'occasion de pénétrer un peu plus avant dans l'intimité de Mme de la Fayette.

En 1640, alors que Mme de la Fayette n'avait encore que six ans, son père avait acheté des religieuses du Calvaire partie d'un grand jardin, « faisant, dit l'acte de vente, le coin occidental de la rue Férou ». Cette petite rue, qui existe encore, donne dans la rue de Vaugirard en face du Petit-Luxembourg. Sur ce terrain, M. de la Vergne avait fait bâtir une maison, et c'est dans cette maison que sa fille demeurait, car son acte de décès porte qu'elle est morte « en son hôtel, rue de Vaugirard, proche la rue Férou ». Le principal agrément de cet hôtel était un jardin avec un jet d'eau et un petit cabinet couvert (ce que nous appellerions aujourd'hui une véranda), « le plus joli lieu du monde pour respirer à Paris », disait Mme de Sévigné. Quant à la maison elle-même, il fallait qu'elle ne fût pas très spacieuse, car, à plusieurs reprises, Mme de la Fayette fit agrandir son appartement en gagnant sur le jardin. Dans cet appartement elle avait cependant une assez vaste chambre à coucher, et dans cette chambre un grand lit galonné d'or à propos duquel elle essuyait quelques railleries, s'il faut en croire une lettre assez malveillante de Mme de Maintenon. C'est dans ce jardin, et dans cette chambre à coucher, trop souvent dans ce lit, que s'est écoulée la dernière moitié de la vie de Mme de la Fayette. Mme de Sévigné venait passer de longues heures auprès de son amie. Par une belle soirée de juillet, elle s'oublie si tard dans le jardin à causer avec Mme de la Fayette et le fidèle d'Hacqueville, qu'elle rentre accablée de sommeil, et qu'elle trouve à peine le temps d'écrire un mot à sa fille avant de se coucher. Mais comme Mme de la Fayette passait beaucoup de temps au lit, c'était le plus souvent dans sa chambre à coucher que Mme de Sévigné lui faisait visite. Elle s'y installait pour la journée, prenait place au bureau, et de là écrivait à Mme de Grignan. Aussi, à travers plus d'une de ses lettres, on sent en quelque sorte la présence de Mme de la Fayette, qui tantôt charge Mme de Sévigné de quelque message, tantôt prend elle-même la plume, malgré son horreur pour la correspondance, et ajoute quelques mots à une lettre de Mme de Sévigné. Ou bien encore, elle écoute la lecture d'une lettre de Pauline de Grignan, et cette lettre lui semble si jolie qu'elle en oublie « une vapeur dont elle était suffoquée ». Mais le meilleur de leur temps à toutes deux se passait en causeries, et quand on songe à ce que devaient être les propos, tantôt tristes et tantôt enjoués, qui s'échangeaient entre ces deux femmes si rares, à toutes ces richesses perdues, à tous ces parfums évanouis, on se prend à regretter la découverte tardive de ces instruments modernes dont la merveilleuse délicatesse capte et peut reproduire non seulement les paroles, mais jusqu'au son des voix. Ce regret s'accroît encore par la pensée qu'à ces conversations venait souvent en tiers se mêler la Rochefoucauld.

La Rochefoucauld! J'ai tardé jusqu'à présent à prononcer ce nom. Mais le moment est venu d'aborder le point délicat de la vie de Mme de la Fayette, et je dois, bien malgré moi, commencer par un peu de chronologie. En effet les biographes n'ont pu, jusqu'à présent, s'entendre sur la date à laquelle on doit faire remonter son entrée en relation avec la Rochefoucauld. Les uns, prenant à la lettre cette assertion de Segrais que leur amitié aurait duré vingt-cinq ans, la font commencer (la Rochefoucauld étant mort en 1680) en 1655, c'est-à-dire dès l'année même du mariage de Mme de la Fayette. Les autres fixent, au contraire, ce commencement à dix ans plus tard, c'est-à-dire précisément vers l'époque de la publication des *Maximes*; mais les uns et les autres sont d'accord pour tirer de la fixation de cette date les conséquences les plus graves. Si Mme de la Fayette n'a connu la Rochefoucauld qu'en 1665, le sentiment qu'elle a éprouvé pour lui était de l'amitié; mais si elle l'a connu dès 1655, alors c'était de l'amour. Quel que soit mon respect pour l'art de vérifier les dates, j'avoue qu'en cette matière il ne me paraît guère trouver son application. Dût-on parvenir à démontrer que Mme de la Fayette n'a connu la Rochefoucauld qu'en 1665, c'est-à-dire lorsqu'elle avait trente et un ans et qu'il en avait cinquante, la question ne me paraîtrait pas absolument tranchée pour cela. En effet, chronologie à part, une chose est certaine : c'est que la Rochefoucauld s'est emparé peu à peu de l'âme et de l'esprit de Mme de la Fayette, c'est que leurs deux existences, moralement et presque matériellement confondues, en sont arrivées, aux yeux de leurs contemporains, à n'en plus faire, en quelque sorte, qu'une seule; c'est que, depuis la mort de la Rochefoucauld, Mme de la Fayette n'a plus vécu que d'une vie incomplète et mutilée. Si c'est là de l'amitié, je le veux bien, mais il faut convenir que cette amitié ressemblait furieusement à l'amour. Est-ce à dire, cependant, que leur relation fût de même nature que la célèbre liaison de la Rochefoucauld avec Mme de Longueville? Je ne le crois pas non plus, et j'en vais dire mes raisons, bien qu'il y ait, j'en tombe d'accord, quelque lourdeur à s'appesantir sur des distinctions de cette nature. Mais, dans leurs disputes, les biographes de Mme de la Fayette n'ont pas manqué de le faire, et on ne saurait le leur reprocher, car, en dépit de tous les sophismes, non seulement les consciences droites, mais encore les imaginations délicates accorderont toujours la préférence aux femmes qui n'ont jamais perdu le droit au respect sur celles qui n'ont de titres qu'à l'indulgence. Je suis donc condamné à être un peu lourd à mon tour.

Tranchons d'abord, ou, du moins, éclaircissons s'il se peut cette question de date. Sans prendre absolument au pied de la lettre les vingt-cinq années de Segrais, je ne crois pas cependant qu'il soit possible de retarder jusqu'aux environs de l'année 1665 l'époque où Mme de la Fayette a connu la Rochefoucauld. Il ne me paraît guère probable en effet que, durant ces années brillantes de monde et de cour qui suivirent son mariage, elle ne l'ait jamais rencontré, soit à Versailles, où l'ancien frondeur n'avait pas renoncé à recouvrer tout crédit, soit chez Madame, au Palais-Royal ou à Saint-Cloud, soit encore dans quelque salon qu'ils auraient fréquenté tous les deux. Je m'imagine, sans beaucoup de fondement, je l'avoue, que cette rencontre dut prendre place chez Amalthée, c'est-à-dire chez Mme du Plessis-Guénégaud, cette amie commune de Mme de la Fayette et de Mme de Sévigné dont nous avons parlé tout à l'heure. Racine y lisait pour la première fois, en 1665, sa tragédie d'*Alexandre*, et on sait qu'à cette lecture Mme de la Fayette et la Rochefoucauld, familiers de la maison, assistaient tous les deux. La première fois que Mme de la Fayette vit la Rochefoucauld, il est impossible qu'elle ne l'ait pas remarqué. Il portait un des plus grands noms de France, il avait été mêlé à des aventures célèbres, et la plus belle femme de son temps l'avait aimé. Il est vrai qu'il marchait vers la cinquantaine, mais s'il faut en croire son portrait peint par lui-même, qui date précisément de cette époque (1659), il avait encore les yeux noirs, les sourcils épais, mais bien tournés, la taille libre et bien proportionnée, les dents blanches et passablement bien rangées, les cheveux noirs, naturellement frisés et « avec cela assez épais et assez longs pour pouvoir prétendre en belle tête ». Il pouvait donc plaire encore, et la goutte, qui devait plus tard le travailler si fortement, n'avait point encore fait des siennes. Quant à son humeur, si nous en jugeons d'après son propre dire, bien qu'il eût quelque chose de fier et de chagrin dans la mine, ce qui faisait croire à la plupart des gens qu'il était méprisant, il assure qu'il ne l'était point du tout. En tout cas, il était d'une civilité fort exacte parmi les femmes et ne croyait pas avoir jamais rien dit devant elles qui leur eût pu faire de la peine. Lorsqu'elles avaient l'esprit bien fait, il aimait mieux leur conversation que celle des hommes. Quant à l'état de son cœur, il faut l'en laisser parler en propres termes : « Pour galant, je l'ai été un peu autrefois; présentement, je ne le suis plus, quelque jeune que je sois. J'ai renoncé aux fleurettes, et je m'étonne seulement de ce qu'il y a encore tant d'honnêtes gens qui s'occupent à en débiter. J'approuve extrêmement les belles passions; elles marquent la grandeur de l'âme, et, quoique dans les inquiétudes qu'elles donnent il y ait quelque chose de contraire à la sévère sagesse, elles s'accommodent si bien d'ailleurs avec la plus austère vertu que je crois qu'on ne les saurait condamner avec justice. Moi qui connais tout ce qu'il y a de délicat et de fort dans les grands sentiments de l'amour, si jamais je viens à aimer, ce sera assurément de cette sorte; mais de la façon dont je suis, je ne crois pas que cette connaissance que j'ai me passe jamais de l'esprit au cœur. »

A l'époque où la Rochefoucauld traçait ainsi son propre portrait, il avait quarante-six ans. Mme de la Fayette en avait vingt-cinq. Elle était femme d'un mari « qui l'adorait et qu'elle aimait fort », comme elle l'écrivait à Ménage, c'est-à-dire qu'elle n'aimait pas du tout, encore novice à l'amour, mais née pour le ressentir, sensible à tout ce qui était spirituel, élégant, chevaleresque. La Rochefoucauld était, ou du moins passait pour tel. Comment croire que du premier coup elle n'ait pas été touchée, mais touchée cependant d'une façon discrète qui, au début, ne fit pas sentir tous ses effets? Il y a dans *Zayde* une bien jolie conversation entre trois grands seigneurs espagnols sur les différentes manières dont peut naître l'amour. L'un d'eux finit par dire : « Je crois que les inclinations naturelles se font sentir dans les premiers moments, et les passions qui ne viennent que par le temps ne se peuvent appeler de véritables passions ». Don Garcie n'aurait-il pas à la fois tort et raison? Oui, les inclinations naturelles se font sentir dès les premiers moments, mais bien souvent c'est le temps qui les transforme en passions véritables. Quelques années s'écoulèrent, en effet, entre Mme de la Fayette et la Rochefoucauld, d'une relation indécise qu'elle-même qualifie d'une façon assez piquante dans une lettre à Ménage, qui est de 1663. Ménage lui ayant transmis quelques propos flatteurs de la Rochefoucauld, peut-être à l'occasion de la

Princesse de Montpensier qui venait de paraître, elle lui répond : « Je suis fort obligé à M. de la Rochefoucauld de son sentiment. C'est un effet de la belle sympathie qui est entre nous. » Cette belle sympathie qu'elle avouait déjà devait bientôt la conduire plus loin qu'elle ne comptait. Mais l'emploi même de ce mot dont un usage trop fréquent a fait oublier le sens si touchant, puisqu'il signifie « souffrance ensemble », indique cependant qu'à cette date une intimité véritable ne régnait pas encore entre eux. Aussi ne fut-elle pas au nombre des personnes auxquelles, en cette même année 1663, la Rochefoucauld prêta le manuscrit des *Maximes*, encore inédites, pour recueillir leur sentiment. Si elle en eut connaissance, ce fut par une lecture publique que Mme du Plessis-Guénégaud en donna au château de Fresnes. A peine cette lecture terminée, elle écrit à Mme de Sablé, qui avait prêté le manuscrit à Mme du Plessis : « Ah! madame! quelle corruption il faut avoir dans l'esprit et dans le cœur pour être capable d'imaginer tout cela. J'en suis si épouvantée que je vous assure que, si les plaisanteries étaient des choses sérieuses, de telles maximes gâteraient plus ses affaires que tous les potages qu'il mangea chez vous l'autre jour. » Le cri que cette lecture arrache à Mme de la Fayette n'est-il pas la preuve du trouble intérieur auquel elle est déjà en proie? Elle est épouvantée de la corruption qu'elle découvre chez l'homme pour lequel elle éprouve cette belle sympathie. Quoi!

est-ce véritablement sur ces *Maximes* qu'il faut juger et de son esprit et de son cœur? Elle n'en veut rien croire. Ce sont plaisanteries et non point choses sérieuses ; s'il en était autrement, cela gâterait plus les *affaires* de la Rochefoucauld que tous les potages qu'il mangea certain soir chez Mme de Sablé.

Cette phrase, un peu énigmatique, donne à penser que les assiduités de la Rochefoucauld auprès de Mme de la Fayette n'avaient point échappé à Mme de Sablé, et que celle-ci en plaisantait peut-être un peu. La découverte de cette corruption ne paraît cependant pas avoir fait tort à la Rochefoucauld dans l'esprit de Mme de la Fayette. Parfois il arrive, en effet, qu'un je ne sais quoi nous intéresse et nous attache aux êtres qui nous paraissent valoir mieux que leur conduite et leur vie. Notre imagination les voit non pas tels qu'ils sont, mais tels qu'ils auraient pu être ; nous passons leurs défauts au compte des circonstances, et nous leur faisons crédit des qualités qu'ils auraient pu avoir. Quoi qu'il en soit, ce nouveau sentiment de la Rochefoucauld commençait à n'être plus un mystère. On en était informé jusque dans ces couvents mondains où pénétraient les échos de la ville et de la cour. C'est ainsi que l'abbesse de Malnoue, Éléonore de Rohan, y faisait allusion dans une lettre qu'elle écrivait à la Rochefoucauld, toujours à propos de ces *Maximes* qui circulaient inédites. Elle se plaint qu'il y ait mal parlé des femmes, et elle ajoute :

« Il me semble que Mme de la Fayette et moi méritions bien que vous ayez meilleure opinion du sexe en général ». L'abbesse au surplus n'y voyait point de mal, sans quoi, personne d'esprit libre, mais de mœurs irréprochables, elle n'aurait point fait elle-même le rapprochement. Mais le bruit qui commençait à se faire autour de cette liaison ne laissait pas de préoccuper et d'agiter Mme de la Fayette. Nous en avons la preuve dans une bien curieuse lettre adressée par elle, en 1666, à Mme de Sablé, lettre que Sainte-Beuve a, pour la première fois, non pas, comme il le croyait, publiée, car elle l'avait été déjà par Delort dans ses *Voyages aux environs de Paris*, mais mise en lumière. Il la faut, comme lui, citer tout entière, en se rappelant, pour en bien comprendre tout l'intérêt, que le jeune comte de Saint-Paul, dont il va être si longuement question, était ce fils de Mme de Longueville dont, au su de tout le monde, la Rochefoucauld était le père :

« M. le comte de Saint-Paul sort de céans, et nous avons parlé de vous, une heure durant, comme vous savez que j'en sais parler. Nous avons aussi parlé d'un homme que je prends toujours la liberté de mettre en comparaison avec vous pour l'agrément de l'esprit. Je ne sais si la comparaison vous offense; mais, quand elle vous offenserait dans la bouche d'un autre, elle est une grande louange dans la mienne, si tout ce qu'on dit est vrai. J'ai bien vu que M. le comte de Saint-Paul avait ouï parler de ces détails, et j'y suis un peu entrée avec lui. Mais j'ai peur qu'il n'ait pris tout sérieusement ce que je lui en ai dit. Je vous conjure, la première fois que vous le verrez, de lui parler de vous-même de ces bruits-là. Cela viendra aisément à propos, car je lui ai parlé des *Maximes*, et il vous le dira sans doute. Mais je vous prie de lui en parler comme il faut pour lui mettre dans la tête que ce n'est autre chose qu'une plaisanterie, et je ne suis pas assez assurée de ce que vous en pensez pour répondre que vous direz bien, et je pense qu'il faudrait commencer par persuader l'ambassadeur. Néanmoins, il faut s'en fier à votre habileté. Elle est au-dessus des maximes ordinaires; mais enfin, persuadez-le. Je hais comme la mort que les gens de son âge puissent croire que j'ai des galanteries. Il semble qu'on leur paraît cent ans dès qu'on est plus vieille qu'eux, et ils sont tout propres à s'étonner qu'il soit encore question des gens, et, de plus, il croirait plus aisément ce qu'on lui dirait de M. de la Rochefoucauld que d'un autre. Enfin, je ne veux pas qu'il en pense rien, sinon qu'il est de mes amis, et je vous prie de n'oublier non plus de lui ôter cela de la tête, si tant est qu'il l'ait, que j'ai oublié votre message. Cela n'est pas très généreux à moi de vous faire souvenir d'un service en vous en demandant un autre. »

En post-scriptum. « Je ne veux pas oublier de vous dire que j'ai trouvé terriblement de l'esprit au comte de Saint-Paul. »

Je ne sais jusqu'à quel point, après lecture de

cette lettre, l'ambassadeur demeura persuadé; mais il faut convenir que jamais pièce diplomatique ne fut moins convaincante. Comme cette lettre montre bien, au contraire, l'état d'agitation où se trouvait alors l'âme de Mme de la Fayette! Elle ne veut point qu'on se trompe sur la nature de ses sentiments pour la Rochefoucauld. Elle a horreur de l'idée qu'on pourrait croire à une galanterie, et, en même temps, elle ne peut s'empêcher de regretter qu'aux yeux d'un jeune homme comme le comte de Saint-Paul, une femme de son âge paraisse déjà cent ans. A trente-deux ans, on n'est pas cependant si vieille qu'on ne puisse encore inspirer l'amour. Mais ce n'est pas de cela qu'il s'agit avec M. de la Rochefoucauld. Elle ne veut pas que M. le comte de Saint-Paul ni Mme de Sablé en pensent rien, sinon qu'il est de ses amis. Pour cela, elle ne le nie pas; aussi bien, on ne l'en croirait plus.

Quelques années s'écoulent encore, et de cette relation les amis d'abord, les indifférents ensuite, continuent à causer, à jaser même, d'abord à demi-voix, puis ensuite tout haut. Le bruit en arrive jusqu'à Bussy, au fond de sa province, dans son château où il se morfond. Toujours à l'affût du scandale, il s'empresse d'en écrire à Mme de Scudéry, et voici comme elle lui répond : « M. de la Rochefoucauld vit fort honnêtement avec Mme de la Fayette. Il n'y paraît que de l'amitié. Enfin, la crainte de Dieu de part et d'autre, et peut-être la politique, ont coupé les ailes à l'amour. Elle est sa favorite et sa première amie. » Nous sommes en 1671. Que s'est-il donc passé en ces cinq années pour que Mme de Scudéry soit en droit de dire que Mme de la Fayette vit, fort honnêtement, il est vrai, mais enfin qu'elle vit avec M. de la Rochefoucauld? Ce qui s'est passé? Probablement un de ces drames obscurs dont au XVIIe siècle, non moins souvent que de nos jours, les cœurs de femmes étaient le théâtre, sans que des romanciers se tinssent à l'affût pour en décrire les péripéties. Loin que ces années marquent dans la vie de Mme de la Fayette une période de bonheur et d'enivrement, j'imagine, au contraire, qu'elles furent un temps de lutte et de souffrance. Elle avait sensiblement dépassé la trentaine, et si les femmes doivent à Balzac de pouvoir consacrer à l'amour dix années de plus qu'il ne leur était permis autrefois, c'est dans le roman et non dans la réalité, car de tout temps ces années où la jeunesse commence à s'enfuir, où la beauté reçoit parfois ses premières atteintes, ont été les plus redoutables pour les femmes qui n'ont point encore aimé. Mme de la Fayette était de celles-là : cette invasion de l'amour dans sa vie dut y introduire un trouble d'autant plus grand qu'elle était inattendue. Avant de faire à ce sentiment nouveau la place qu'il exigeait, et de lui marquer en même temps sa limite, elle dut engager, peut-être avec elle-même, un de ces combats où la victoire n'est pas moins douloureuse que la défaite. La crainte de Dieu et la politique — entendez par là le soin de sa réputation — ont pu venir à son aide; mais ces considérations n'étaient pas, la première surtout, pour agir beaucoup sur la Rochefoucauld. Le fier amant de Mme de Longueville n'a pas dû se résigner facilement à ce que Mme de la Fayette demeurât seulement sa favorite et sa première amie. Il avait bien pu écrire, quelques années auparavant, que les belles passions s'accommodent avec la plus austère vertu; mais, « lorsque la connaissance des grands sentiments de l'amour eut passé, chez lui, de l'esprit au cœur, » et lorsqu'il s'agit de se plier lui-même à cet accommodement, l'épreuve dut lui sembler nouvelle autant que difficile. Il n'a pas dû accepter sans révolte que Mme de la Fayette coupât les ailes (si ce sont des ailes) à l'amour. Pareil retranchement ne s'opère pas, en tout cas, sans souffrance, et celle qui l'impose en peut saigner autant que celui qui le subit. Nous en croirons cependant Mme de Scudéry sur parole, et non pas une vilaine chanson sur *le Berger Foucault et la Nymphe Sagiette*, qui circula sous main à cette époque, et dont, je l'espère, Mme de la Fayette n'a jamais eu connaissance, car sa délicatesse en aurait étrangement souffert. Une seule chose pourrait étonner, c'est qu'après s'être défendue, comme nous l'avons vue faire dans sa lettre à Mme de Sablé, Mme de la Fayette eût, en quelques années, à ce point changé d'attitude que sa liaison avec la Rochefoucauld fût devenue publique. J'y trouve cependant une explication à laquelle les différents biographes de Mme de la Fayette n'ont pas prêté, suivant moi, une attention suffisante. Ce fut seulement en 1668 (ou 1669) que mourut Catherine de Vivonne, cette épouse fidèle, mais délaissée, qu'entre temps la Rochefoucauld avait cependant rendue mère de huit enfants, et qui, au moment de la blessure reçue par son mari au service de Mme de Longueville, écrivait à Lenet, avec une résignation si touchante : « Sa santé est si mauvaise, qu'il a cru que je lui pourrai aider en quelque petite chose à supporter son chagrin ». Il y avait déjà près de dix ans que Mme de la Fayette était en fait abandonnée de son mari. Elle pouvait donc, avec moins de scrupule, occuper dans la vie intime de la Rochefoucauld cette place qu'une femme d'honneur ne disputera jamais à l'épouse. Et si cette sorte de mariage moral, dont la Rochefoucauld dut se contenter, paraissait à quelques rigoristes un accommodement encore blâmable, je leur répondrai par ce propos, que Mme de la Fayette tenait un jour gaiement sur elle-même : « A-t-on gagé d'être parfaite? »

Quoi qu'il en soit de cette question de date et de ces nuances de sentiments, une chose est certaine. C'est aux environs de l'année 1670 que la Rochefoucauld commence à faire ouvertement partie de l'existence de Mme de la Fayette. Elle-même va nous dire à quel degré, en si peu de temps, leur relation était devenue étroite. Il n'est guère de recueil épistolaire où l'on ne trouve cette jolie lettre qui commence par ces mots : « Eh bien! eh bien! ma belle, qu'avez-vous à crier comme un aigle... », lettre où Mme de la Fayette s'excuse auprès de Mme de

Sévigné de ne pas lui écrire aussi souvent que celle-ci lui écrit et qui contient cette phrase souvent citée : « si j'avais un amant qui voulût de mes lettres tous les matins, je romprais avec lui ». Mais si la lettre quotidienne paraissait à Mme de la Fayette une sujétion insupportable, il n'en était pas de même de la visite quotidienne; car, au nombre des excuses qu'elle fait valoir auprès de Mme de Sévigné se trouve celle-ci : « Quand j'ai couru, moi, et que je reviens, je trouve M. de la Rochefoucauld que je n'ai point vu de tout le jour. Écrirai-je ? » Il fallait donc, et elle s'y prêtait dès 1672, dix ans après la lettre à Mme de Sablé, que la Rochefoucauld la vît tous les jours. A quel degré cette visite quotidienne était nécessaire à la Rochefoucauld, c'est maintenant Mme de Sévigné qui va nous l'apprendre. Parfois Mme de la Fayette, dont la santé était déjà très délicate, éprouvait un besoin de repos, de retraite absolu. Elle se confinait alors dans une petite maison qu'elle possédait à Fleury. Elle y demeurait quinze jours « suspendue, disait Mme de Sévigné, entre le ciel et la terre, ne voulant ni penser, ni parler, ni répondre, fatiguée de dire bonjour et bonsoir ». « M. de la Rochefoucauld, ajoutait-elle, est dans cette chaise que vous connaissez, il est dans une tristesse incroyable et l'on devine bien aisément ce qu'il a. » Ce qu'il avait, sans en vouloir convenir, c'était d'être privé de sa visite quotidienne à Mme de la Fayette. Il n'y avait pas plus de treize ans que, traçant son propre portrait, il écrivait : « J'aime mes amis,... seulement je ne leur fais pas beaucoup de caresses, et je n'ai pas non plus de grandes inquiétudes en leur absence ». Mais, en 1659, il n'avait pas écrit non plus cette maxime : « L'absence diminue les médiocres passions et augmente les grandes, comme le vent éteint les bougies et allume le feu ». L'absence l'avait brouillé avec Mme de Longueville et lui faisait sentir plus fortement le besoin qu'il avait de Mme de la Fayette.

Ces inquiétudes qu'il ne connaissait pas autrefois, Mme de la Fayette ne les lui faisait pas souvent éprouver, car elle ne quittait guère Paris. Si parfois elle s'éloignait, la Rochefoucauld allait bientôt la rejoindre, et Gourville va nous raconter à ce propos une histoire assez plaisante. Cet ancien valet de chambre de la Rochefoucauld, devenu son homme de confiance, puis celui du prince de Condé, avait obtenu de ce dernier la capitainerie de Saint-Maur. Mme de la Fayette, chez laquelle Gourville vivait sur un pied de grande familiarité, lui demanda la permission d'y passer quelques jours pour y prendre l'air. « Elle se logea, dit Gourville, dans le seul appartement qu'il y avait alors, et s'y trouva si à son aise qu'elle se proposait déjà d'y faire sa maison de campagne. De l'autre côté de la maison, il y avait deux ou trois chambres que je fis abattre dans la suite ; elle trouva que j'en avais assez d'une quand j'y voudrais aller et destina, comme de raison, la plus propre à M. de la Rochefoucauld qu'elle souhaitait qui y allât souvent. Finalement, pour pouvoir jouir de Saint-Maur je fus obligé de faire un traité écrit avec M. le Prince par lequel il m'en donnait la jouissance, ma vie durant, avec douze mille livres de rente, à condition que j'y employerais jusqu'à deux cent quarante mille livres.... Mme de la Fayette vit bien qu'il n'y avait pas moyen de conserver plus longtemps sa conquête; elle l'abandonna, mais elle ne me l'a jamais pardonné. »

Il y aurait, je crois, à rabattre de ce récit de Gourville dont les droits sur Saint-Maur, au moment où Mme de la Fayette vint à s'y établir, n'étaient peut-être pas aussi certains qu'il lui a plu de le dire. Je n'ai rapporté l'anecdote que pour ce trait d'une chambre, et la plus belle, réservée pour la Rochefoucauld. Gourville, qui lui devait tout et qui, du reste, lui prêtait de l'argent, avait tort de le trouver mauvais.

Ce n'était pas souvent que Mme de la Fayette se transportait ainsi à Fleury ou à Saint-Maur. On peut dire que sa vie tout entière s'écoulait à Paris. Mme de la Fayette demeurait, comme je l'ai dit, en face du Petit-Luxembourg; l'hôtel de la Rochefoucauld ou plutôt l'hôtel de Liancourt (car l'hôtel venait de sa mère, Gabrielle du Plessis-Liancourt) était situé sur les terrains qu'occupe aujourd'hui la rue des Beaux-Arts. Mais l'entrée en était rue de Seine. De la rue de Seine à la rue de Vaugirard le chemin n'était pas long, et, quand la goutte ne le retenait pas dans sa chaise, la Rochefoucauld faisait ce chemin tous les jours. Je suppose qu'il y avait des heures réservées où il était seul reçu. Mais la porte n'était pas souvent fermée pour Mme de Sévigné. Par les lettres qu'elle écrit à sa fille, et aussi par celles, en petit nombre malheureusement, que Mme de la Fayette lui adressait aux Rochers ou en Provence, nous savons quels étaient le sujet et le ton de ces conversations auxquelles la Rochefoucauld prenait part. On y étudiait ensemble la carte du pays de Tendre, et dans la région des *Terres inconnues* on croyait faire certaines découvertes dont on se promettait de faire part à Mme de Grignan. Ou bien on y dissertait sur les personnes, et on les comparait entre elles. On décidait que Mme de Sévigné avait le goût au-dessous de son esprit, et M. de la Rochefoucauld aussi. Mme de la Fayette l'avait également, mais pas tant que tous les deux, et à force de se jeter dans ces subtilités, on finissait par n'y entendre plus rien. Mais les propos qu'on échangeait n'étaient pas toujours aussi gais, et, certains soirs d'été, où l'on restait dans le jardin fleuri et parfumé, on tenait des conversations d'une telle tristesse, « qu'il semble, écrit Mme de Sévigné à Mme de Grignan, qu'il n'y ait plus qu'à nous enterrer ».

La Rochefoucauld était chez Mme de la Fayette quand on y vint apporter la nouvelle du passage du Rhin. En même temps il apprenait que son fils aîné, le prince de Marsillac, était blessé, que son dernier fils, le chevalier de Marsillac, était tué. « Cette grêle, dit Mme de Sévigné, est tombée sur lui en ma présence. Il a été très vivement affligé ; des larmes ont coulé du fond du cœur, et sa fermeté l'a empêché d'éclater. » Mais, pour lui, le coup le plus rude était celui de la mort de ce jeune comte de Saint-Paul, au sujet duquel Mme de la Fayette écrivait quelques années auparavant cette longue lettre à Mme de Sablé, et que la mort de son père légal avait fait depuis peu duc de Longueville. C'était sur celui-là surtout que les larmes coulaient au fond du cœur, tandis que la fermeté les empêchait d'éclater. Tout le monde savait que la Rochefoucauld était inconsolable de la mort de ce fils, tandis que celle du pauvre chevalier le touchait infiniment moins. Mais la bienséance, qui commandait de lui parler de l'un, ne permettait pas de l'entretenir de l'autre. Aussi Mme de Sévigné recommandait-elle bien à Mme de Grignan de ne pas se fourvoyer en lui écrivant. « J'ai dans la tête, ajoute-t-elle après avoir dépeint, dans l'éloquente lettre que l'on sait, la douleur de Mme de Longueville, que s'ils s'étaient rencontrés tous deux dans ces premiers moments, et qu'il n'y eût eu que le chat avec eux, je crois que tous les autres sentiments auraient fait place à des cris et à des larmes qu'on aurait redoublés de bon cœur. C'est une vision. » La rencontre n'eut point lieu. La Rochefoucauld ne pouvait franchir la porte des Carmélites de la rue Saint-Jacques. Mais il y avait une autre femme devant laquelle il pouvait s'épancher et laisser éclater ses larmes sans être obligé de les retenir comme devant Mme de Sévigné.

La Rochefoucauld pleurant avec Mme de la Fayette le fils qu'il avait eu de Mme de Longueville, cela aussi c'est une vision.

C'est une question qui souvent a piqué la curiosité de savoir si cette étroite liaison de la Rochefoucauld avec Mme de la Fayette n'aurait pas exercé sur lui quelque influence adoucissante. Souvent, en particulier, on s'est demandé si l'opinion défavorable que l'auteur des *Maximes* entretenait des femmes n'aurait pas été modifiée par l'amie toute-puissante dont la modestie aimait à répéter : « M. de la Rochefoucauld m'a donné de l'esprit, mais j'ai réformé son cœur ». D'ingénieux commentateurs se sont exercés sur ce sujet, et, dans les cinq éditions des *Maximes* qui se sont succédé du vivant même de la Rochefoucauld, ils ont cru reconnaître certaines variantes que Mme de la Fayette aurait bien pu inspirer. D'autres se sont au contraire étonnés, avec plus de raison, je le crois, que cette influence ne se soit pas fait davantage sentir, et que les *Maximes* n'en portent aucune trace bien apparente. Mais ce qui serait plus intéressant encore à connaître, ce serait le véritable jugement de Mme de la Fayette sur les *Maximes*, j'entends non pas un jugement général comme celui qu'elle a pu porter, à la suite d'une première lecture, dans ce billet à Mme de Sablé que j'ai cité, mais un jugement explicite sur chacune des maximes en particulier. Or j'ai eu la bonne fortune de tenir entre mes mains un exemplaire de l'édition des *Maximes* publiée en 1693 chez

Barbin sur la garde duquel est écrit : « Peu de temps avant sa mort, Mme de la Fayette, en relisant les *Maximes* de la Rochefoucauld avec lequel elle avait été liée de l'amitié la plus étroite, écrivit en marge ses observations. Cet exemplaire a été trouvé, à la mort de M. l'abbé de la Fayette, son fils, parmi les livres de la bibliothèque. » J'ai longuement parlé ailleurs de cet exemplaire inconnu, et j'ai donné les raisons qu'il y a, suivant moi, d'attribuer en effet à Mme de la Fayette, sinon la totalité, du moins le plus grand nombre de ces observations [1]. Mes lecteurs vont au reste pouvoir juger si dans quelques-unes des réflexions que lui inspiraient les *Maximes*, elle ne se peint pas elle-même en traits qui ne sont pas méconnaissables.

Il faut reconnaître que Mme de la Fayette ne paraît pas choquée de l'esprit général des *Maximes*. *Vrai! excellent! sublime!* sont des annotations qui reviennent souvent sous sa plume. Comment d'ailleurs aurait-elle refusé le témoignage de son admiration à ces pensées d'un tour si élégant, d'une vue si profonde, parfois d'une si désespérante clairvoyance? Elle-même était personne d'un esprit sagace, peut-être même un peu chagrin, en tout cas médiocrement porté vers l'illusion. Il n'est donc pas étonnant qu'elle n'ait pas pris à tout propos le contre-pied de la Rochefoucauld, mais souvent aussi

---

1. Voir, dans la *Revue des Deux Mondes* du 15 septembre 1890, un article intitulé : *A propos d'un exemplaire des Maximes*.

elle ne ménage pas ses critiques qui se traduisent également d'un seul mot, et d'un mot un peu sévère. Ainsi, quand la Rochefoucauld dit : « Le moindre défaut des femmes qui se sont abandonnées à faire l'amour, c'est de faire l'amour », Mme de la Fayette répond : *Galimatias*. Quand il dit encore : « On ne devrait s'étonner que de pouvoir encore s'étonner » : *Colifichet*, répond Mme de la Fayette, et ces deux mots : *galimatias, colifichet*, reviennent assez fréquemment. Ou bien, en marge d'un certain nombre de maximes, elle mettra ces mots : *trivial, rebattu, commun*; et, il faut en convenir, toujours assez à propos. Mais souvent aussi ses observations portent sur le fond de la pensée. Parfois ce sont de simples restrictions que suggère à son esprit tempéré le caractère trop absolu de certaines maximes. « Cela est vrai, mais non pas toujours », est une annotation qui se trouve souvent répétée. En réponse à cette maxime : « Ce que les hommes ont nommé amitié... n'est qu'un commerce où l'amour-propre se propose toujours quelque chose à gagner », elle dira : « Bon pour l'amitié commune, mais non pas pour la vraie ». L'amitié, contre laquelle s'acharne la Rochefoucauld, lui suggère encore une réflexion plus digne d'elle par le tour et la pensée. La maxime CCCCLXXIII dit : « Quelque rare que soit l'amour, il l'est encore moins que la véritable amitié », et Mme de la Fayette ajoute : « Je les crois tous les deux égaux pour la rareté, parce que le véritable de l'amitié tient un peu de l'amour, et le véritable de l'amour tient aussi de l'amitié ». Cette distinction ou plutôt ce rapprochement entre le véritable de l'amitié qui tient un peu de l'amour, et le véritable de l'amour qui tient un peu de l'amitié ne semblent-ils pas comme un dernier écho de la conversation des précieuses? D'ailleurs, l'amour-amitié, n'est-ce pas ce que Mme de la Fayette a pratiqué pendant vingt ans de sa vie?

Parfois au contraire la contradiction prend une forme directe, et les maximes contre lesquelles les observations s'inscrivent en faux sont précisément celles qui devaient choquer davantage une âme comme celle de Mme de la Fayette. J'en citerai quelques exemples : « Notre défiance justifie la tromperie d'autrui », dit la maxime LXXXVI. « Faux, réplique Mme de la Fayette, rien ne saurait justifier une méchante chose. » « La constance en amour, dit la maxime CLXXV, est une inconstance perpétuelle qui fait que notre cœur s'attache successivement à toutes les qualités de la personne que nous aimons. » « Faux, rétorque Mme de la Fayette, c'est vouloir chicaner que de ne pas vouloir reconnaître une constance en forme. » « Plus on aime une maîtresse, dit la maxime CXI, et plus on est près de la haïr. » Et Mme de la Fayette de répondre avec fierté (ne croirait-on pas l'entendre?) : « Faux en général, à moins qu'on n'entende une maîtresse trop facile ». Il est vrai qu'à la même pensée, mais différemment exprimée : « Il est plus difficile d'être fidèle à sa maîtresse quand on est heureux que quand on en est maltraité », elle donne ailleurs son assentiment, et elle ajoute, en femme qui a connu l'art de manier les hommes : « Vrai, parce qu'il n'y a plus de barrière d'espérance qui puisse arrêter ». Peut-être était-ce une barrière d'espérance qui, pendant plusieurs années, lui avait servi à arrêter la Rochefoucauld?

Ce ne sont pas seulement des éloges ou des contradictions que suggère à Mme de la Fayette cette revision des *Maximes*. Elle propose aussi des variantes ou elle ajoute des commentaires. Si ces variantes n'ont pas la force des *Maximes*, elles ne leur cèdent en rien pour la finesse et parfois la profondeur. Les unes sont de simple style. En place de la maxime célèbre : « La bonne grâce est au corps ce que le bon sens est à l'esprit », elle propose, non sans raison : « La bonne grâce est au corps ce que la délicatesse est à l'esprit ». D'autres ont parfois plus de portée et sont d'un tour aussi heureux, suivant moi du moins, que les maximes auxquelles elles répondent. Ainsi, les deux suivantes :

Maxime cxxxv : « On est quelquefois aussi différent de soi-même que des autres ». Remarque : « Vrai; on court souvent des hasards avec soi-même comme avec les autres ».

Maxime clxxxviii : « La santé de l'âme n'est pas plus assurée que celle du corps ». Remarque : « Vrai; l'âme a ses crises comme le corps ».

D'autres enfin sont intéressantes par le sentiment qui les a dictées, et parce qu'elles sont d'accord avec la nature morale de Mme de la Fayette. C'est ainsi qu'elle prendra la défense de la raison contre la maxime CCCCLXIX : « On ne souhaite jamais si ardemment ce qu'on ne souhaite que par raison ». — « Faux en quelque façon, dira-t-elle, parce qu'il arrive quelquefois que l'on s'abandonne entièrement à la raison. » Elle prendra aussi, du même coup, la défense de la dévotion et celle de l'amitié. A la maxime CCCCXXVII : « La plupart des amis dégoûtent de l'amitié, et la plupart des dévots dégoûtent de dévotion », elle fera cette double réponse : « Parce que la plupart prennent l'une et l'autre à gauche; c'est peut-être aussi à cause que personne n'entend ni la dévotion, ni l'amitié ». Mais les annotations les plus piquantes sont celles où elle dialogue, en quelque sorte, avec la Rochefoucauld à propos des femmes et de l'amour. Point de pruderie. Dans ce monde de Mme de Sévigné, on ne s'en piquait guère. Elle complétera la maxime CCCCXL : « Ce qui fait que la plupart des femmes sont peu touchées de l'amitié, c'est qu'elle est fade quand on a senti de l'amour », en ajoutant bravement : « C'est qu'il y a de tout dans l'amour : de l'esprit, du cœur et du corps ». Ailleurs, elle donne à la même pensée une forme plus plaisante, et en marge de la maxime CCCCLXXI : « Dans les premières passions, les femmes aiment l'amant, et dans les autres elles aiment l'amour », elle ajoutera ces mots : « Et autre chose itout ». Elle ne paraît cependant pas entendre l'amour tout à fait de la même façon que la Rochefoucauld. Elle applaudira quand il dit : « L'amour prête son nom à une infinité de commerces qu'on lui attribue, et où il n'a non plus de part que le doge à ce qui se fait à Venise », et elle complète par cette remarque, qui vaut bien la maxime elle-même : « L'amour ne prête pas son nom, mais on le lui prend ». Mais quand il lancera cette maxime hardie, dont, à l'entendre de certaine façon, on trouverait le développement chez Schopenhauer et chez d'autres encore : « Si on juge de l'amour par la plupart de ses effets, il ressemble plus à la haine qu'à l'amitié », elle n'est plus d'accord : « Je ne comprends pas cela », dira-t-elle d'abord ; puis elle ajoutera, comme après réflexion : « Bon pour l'amour violent et jaloux, qui, selon beaucoup de gens, est le véritable amour ». Le véritable amour ! Cette âme pure et délicate ne montre-t-elle pas comment elle l'entendait, et comment elle aurait aimé à le goûter lorsqu'à la maxime CXIII : « Il y a de bons mariages, mais il n'y en a point de délicieux », elle fait cette réponse : « Je ne sais s'il n'y en a point de délicieux ; mais je crois qu'il peut y en avoir ».

Mêmes nuances lorsqu'il s'agit des femmes. On sait combien les *Maximes* sont dures pour elles. L'abbesse de Malnoue n'avait pas tort de s'en plaindre. Cependant, Mme de la Fayette ne s'en va pas sottement prendre sur tous les points leur défense. Elle sait qu'il y en a quelques-unes de dévergondées, et beaucoup de coquettes. La coquetterie lui inspire même cette réflexion que ne désavoueraient pas nos psychologues : « qu'elle est plus opposée à l'amour que l'insensibilité ». Mais il y a certaine façon par trop dédaigneuse de parler des femmes qu'elle ne laisse jamais passer sans protestation. « Il y a peu de femmes, dit la maxime ccccLxxiv, dont le mérite dure plus que la beauté. » « C'est selon l'usage que vous voulez faire de leur mérite », répond-elle spirituellement. La même maxime, il est vrai, porte cette autre annotation, écrite sans doute dans une heure de tristesse, et qui semble contredire un peu la précédente : *Experto crede Roberto*. Mais ne la retrouve-t-on pas également dans cet enjouement et dans cette mélancolie ? N'est-ce pas bien elle encore qui, à l'impertinente maxime ccclxvii : « Il y a peu d'honnêtes femmes qui ne soient lasses de leur métier », répond fièrement : « Il n'y a pas de métier plus lassant, lorsqu'on le fait par métier ». Enfin, ne se peint-elle pas tout entière lorsque, à la maxime ccccLxvi : « De toutes les passions violentes, celle qui sied le moins mal aux femmes, c'est l'amour », elle ajoute ce commentaire : « Vrai, parce qu'il paraît le moins, et qu'il est aisé de le cacher : le caractère d'une femme *est de n'avoir rien qui puisse marquer* » ?

« N'avoir rien qui puisse marquer. » N'est-ce pas, en effet, le caractère qu'en dépit de la *Princesse de Clèves* et de la Rochefoucauld, Mme de la Fayette avait voulu conserver à sa vie ? Ses amis l'appelaient : *le brouillard*. Ce dernier trait achève à mes yeux de confirmer l'attribution si formelle que porte le volume lui-même. C'est surtout, je le reconnais, affaire d'impression morale, mais plus j'ai feuilleté ce petit livre jauni par le temps, et plus j'ai eu le sentiment qu'il était tout imprégné de Mme de la Fayette, et qu'il exhalait son parfum. J'aime à me la représenter dans les premiers mois de cette année 1693, déjà détachée de tout « par cette vue si longue et si prochaine de la mort qui faisait paraître à Mme de Clèves les choses de cette vie de cet œil si différent dont on les voit dans la santé »; mais cependant, attendant avec impatience ces épreuves [1] que chaque semaine lui envoyait Barbin, les recevant peut-être dans ce petit cabinet couvert, au fond du jardin, où elle avait autrefois, en compagnie de la Rochefoucauld et de Mme de Sévigné, passé de si douces heures, les revoyant sans embarras avec son fils, lui dictant tantôt ses objections, tantôt ses éloges, et engageant ainsi avec celui qui avait tenu une si grande place dans sa vie comme une conversation suprême. Quatorze années auparavant, Mme de Longueville avait précédé de quelques mois dans la tombe, mais sans l'avoir revu à sa dernière heure, celui dont la pensée ne pouvait faire naître en elle que confusion et remords. Mme de la Fayette pouvait, au contraire et sans scrupules, l'admettre en quelque sorte en tiers entre elle et Dieu. Parfois le sacrifice recueille ainsi sa récompense tardive, et Mme de la Fayette devait

---

1. L'édition publiée par Barbin en 1693 n'ayant paru que quelques mois après la mort de Mme de la Fayette, il faut supposer, ce qui n'a du reste rien d'improbable, que Barbin lui envoyait les épreuves.

en avoir le sentiment lorsqu'à cette amère maxime de la Rochefoucauld : « Dans la vieillesse de l'amour, comme dans celle de l'âge, on vit encore pour les maux, mais on ne vit plus pour les plaisirs », elle opposait cette douce réponse : « Il y a quelquefois des regains dans l'un et dans l'autre qui font revivre pour les plaisirs ». Ce regain qui la faisait revivre et ce dernier plaisir qu'elle goûtait, c'est de tous le plus précieux, mais aussi le plus rare : c'est la douceur des purs souvenirs.

IV

LES AFFAIRES

Revenons quelque peu en arrière, et jetons un coup d'œil d'ensemble sur cette période brillante de cour et de monde qui dura environ vingt ans dans la vie de Mme de la Fayette, depuis le mariage de Madame jusqu'à la mort de la Rochefoucauld. On se rappelle ses débuts modestes, sa situation un peu fausse, entre un beau-père indifférent et une mère assez sotte, ses gaucheries de jeunesse dont elle se tire cependant par sa droiture, enfin son mariage un peu difficile. Nous venons de la voir successivement en faveur déclarée auprès de la plus brillante des princesses, en amitié étroite avec la plus aimable des femmes, en intimité ouverte avec un des plus grands seigneurs de France, recherchée du monde, en crédit à la cour. Pareille transformation ne s'était pas opérée dans sa destinée sans qu'à beaucoup de bonheur, se joignit un peu de savoir-faire. Il ne faudrait pas, en effet, se représenter Mme de la Fayette comme à ce point absorbée par le sentiment, qu'elle ne connût ni autre occupation ni autre intérêt. Je laisse de côté, pour y revenir tout à l'heure, la part importante que la composition littéraire tenait dans sa vie. Je me borne à faire remarquer que la *Princesse de Montpensier*, *Zayde* et la *Princesse de Clèves* ont paru entre 1662 et 1678, c'est-à-dire précisément au cours de cette période brillante. Mais écrire ne fut jamais, dans la vie de Mme de la Fayette, qu'un délassement et un passe-temps; elle travaillait lentement, à ses heures, un peu comme on cause, et sa vie ne ressembla jamais en rien à celle d'une femme de lettres qui produit pour produire, et à peine un ouvrage terminé en commence un autre. Elle avait, en effet, d'autres affaires. La principale était de veiller à l'établissement de ses fils. Elle en avait deux. Contrairement à ce qui était l'usage dans les familles nobles, ce fut l'aîné qui entra dans les ordres. « C'était, dit Saint-Simon, un homme d'esprit, de lettres, de campagne, cynique et singulier, qui avait de l'honneur et des amis. » Il fallait pourvoir ce fils de bénéfices, obtenir d'abord pour lui une pension sur l'abbaye de Saint-Germain, puis l'abbaye de la Grenetière, puis celle de Valmon, puis celle de Dalon, puis encore de toutes ces faveurs aller remercier le roi qui les accompagnait de tant de paroles agréables qu'il y avait lieu d'en attendre encore de plus grandes grâces.

Il fallait aussi penser au second. Celui-là, qui

devait prendre le titre de marquis de la Fayette, avait choisi la carrière des armes. Mais il n'en coûta pas pour cela moins de peine à sa mère. Fort jeune encore, il avait fait campagne et s'était distingué par sa valeur. En récompense, il obtint de bonne heure la faveur d'un régiment, le régiment de la Fère. C'était à la bienveillance de Louvois que cette faveur était due, mais la bienveillance de Louvois était due à la Rochefoucauld, dont le petit-fils épousa une fille de Louvois, et, par conséquent, à Mme de la Fayette. Aussi le *Mercure* semblait-il reconnaître la part qu'elle avait à cette nomination, lorsqu'après l'avoir annoncée, il parlait de la mère du jeune colonel, et qu'il ajoutait : « Tout le monde convient de la délicatesse de son esprit et qu'il n'y eut jamais rien de plus général que l'estime qu'on a pour elle ». Elle aidait son fils à trouver des hommes pour son régiment; elle en parlait à plusieurs personnes, pour les avoir à meilleur marché; et elle-même contait plaisamment un jour à Gourville « que s'étant adressée pour cela à un maître des comptes, il lui amena douze bons hommes dont il lui fit présent ». Mais ce fut une bien autre affaire encore lorsqu'il s'agit de marier ce fils, seul rejeton de la branche qui pût faire souche à son tour. Mme de la Fayette s'en occupa de bonne heure. Lassay raconte à ce propos, dans une longue lettre à Mme de Maintenon, une histoire assez peu vraisemblable. S'il fallait l'en croire, il aurait, avant de partir pour la Hongrie à la suite du prince de Conti, laissé à Mme de la Fayette, dont il était l'ami, tous ses papiers, la conduite de ses affaires, une procuration générale, et le soin d'une fille qu'il avait, et qui était au couvent du Cherche-Midi. Mme de la Fayette, s'apercevant, par la connaissance qu'elle prit des affaires de Lassay, qu'il avait plus de bien qu'elle ne pensait, se serait mis en tête de marier son fils avec la jeune fille qui lui était confiée. Pour y déterminer Lassay, elle aurait en secret sollicité de Louvois une lettre de cachet interdisant à l'abbesse du Cherche-Midi de laisser sortir la fille de Lassay ; elle aurait ensuite écrit à celui-ci, dès son retour de Hongrie, pour lui offrir ses bons offices afin de faire lever cette lettre ; enfin, elle aurait invité Segrais à lui écrire également une lettre où il mettait en avant l'idée d'un mariage entre la fille de Lassay et le fils de Mme de la Fayette, en faisant valoir, à l'appui de cette proposition, le crédit dont jouissait Mme de la Fayette qui aiderait Lassay à sortir de ses embarras de toute nature. Lassay refusa l'offre de mariage, et écrivit à Mme de Maintenon pour lui demander de faire lever la lettre de cachet. Voilà des menées bien tortueuses. Mais que faut-il penser de cet étrange récit? Ce Lassay était un grand fou, un peu visionnaire, et fort capable de se forger des chimères. Sa fille, qui devait plus tard épouser le comte de Coligny, n'avait que onze ans. L'intrigue eût été conduite d'un peu loin. C'est donc une affaire à laisser, pour le moins, dans le doute, en se souvenant toutefois qu'il ne faut défier de rien une mère désireuse de bien marier son fils.

Mme de la Fayette devait, au reste, et sans tant de peines, arriver à ce résultat. Elle conclut en 1689 l'union du jeune marquis avec l'arrière-petite-fille de Marillac, le garde des sceaux qui fut, avec son frère le maréchal, une des victimes de Richelieu. La jeune Madeleine de Marillac était jolie, éveillée ; elle avait deux cent mille livres de dot, « des nourritures à l'infini ». Mme de la Fayette assurait tout son bien aux jeunes époux; autant en faisait l'abbé. Le mariage avait l'approbation générale, et Mme de la Fayette, enchantée d'avoir si bien réussi, se faisait brave pour la noce. Ce fut sa dernière joie d'avoir mis son fils dans une si grande et si honorable alliance. Hélas! ce fils ne devait survivre que d'une année à sa mère. Il mourut en 1694 au siège de Landau, ne laissant qu'une fille. « Sa pauvre mère, écrivait Coulanges, n'avait pensé qu'à remettre ce nom et cette maison à la cour, et la voilà sur la tête d'une petite fille. » Cette petite fille fit elle-même un grand mariage : elle épousa le duc de la Trémoïlle [1]; mais elle devait mourir à vingt-six ans !

En travaillant ainsi pour ses enfants, Mme de la Fayette n'obligea point des ingrats. Elle vécut toujours en termes affectueux aussi bien avec le colonel qu'avec l'abbé, et tous deux savaient ce qu'ils lui devaient. Entre autres obligations, ils lui avaient celle d'avoir, après la mort de leur père, défendu leur

1. Le duc de la Trémoïlle, chef actuel de cette illustre maison, est le descendant direct de Mme de la Fayette, et possède un certain nombre de papiers qui viennent d'elle.

héritage, et tenu tête à des adversaires processifs. On trouve dans la correspondance de Mme de la Fayette avec Ménage le contre-coup des préoccupations que ces contestations judiciaires lui causaient. Elle s'étonne des aptitudes qu'elle s'était tout à coup découvertes : « C'est une chose admirable que ce que fait l'intérêt que l'on porte aux affaires. Si celles-ci n'étaient pas les miennes, je n'y comprendrais non plus que le haut allemand, et je les sais dans ma tête comme mon *Pater*. Je dispute tous les jours contre les gens d'affaires de choses dont je n'ai nulle connaissance, et où mon intérêt seul me donne de la lumière. » Ménage s'emploie pour elle à solliciter le juge, comme on disait autrefois, et il paraît avoir joué le rôle d'un véritable ami. Mme de la Fayette l'en récompense en témoignant non moins d'intérêt aux affaires de Ménage qu'aux siennes propres. En femme qui a appris à connaître le prix de l'argent, elle le tance vertement pour avoir prêté sans garantie quatre cents pistoles à un gentilhomme suédois. « Il n'y a que vous au monde, lui écrit-elle, qui aille chercher des gens du Nord pour leur prêter votre argent. Je pense que c'est pour être plus assuré qu'on ne vous le rendra point, car je ne crois pas que vous prétendiez le retirer de votre vie. Mais est-ce que vous ne comprenez point ce que c'est que quatre cents pistoles, pour les jeter ainsi à la tête d'un Ostrogoth que vous ne reverrez jamais. Je dis qu'il vous faudrait mettre en tutèle. »

Cette entente des affaires qu'avait acquise Mme de

la Fayette ne servait pas à elle seule; elle en fit également profiter la Rochefoucauld. « Elle l'empêcha, nous dit Segrais, de perdre le plus beau de ses biens, en lui procurant le moyen de prouver qu'ils étaient substitués. » Mme de Sévigné qui avait fait usage du crédit de Mme de la Fayette, tantôt pour son fils, tantôt pour sa fille, ne pouvait trop admirer l'art avec lequel elle savait se procurer des amis. « Voyez, écrivait-elle à Mme de Grignan, comme Mme de la Fayette se trouve riche en amis de tous côtés et de toutes conditions : elle a cent bras, elle atteint partout; ses enfants savent bien qu'en dire, et la remercient tous les jours de s'être formé un esprit si liant. » Gourville de son côté nous la représente « passant ordinairement deux heures de sa matinée à entretenir commerce avec tous ceux qui pouvaient lui être bons à quelque chose, et à faire des reproches à ceux qui ne la voyaient pas aussi souvent qu'elle le désirait, pour les tenir sous sa main, pour voir à quel usage elle les pouvait mettre chaque jour ». Assurément il y a de la malice et même de la malveillance dans ce portrait. Mais il est certain cependant que ce crédit de Mme de la Fayette étant un peu artificiel, et tenant plus à son savoir-faire qu'à sa situation, elle ne le pouvait maintenir qu'au prix d'une application constante. Il n'y a rien là qui dérange l'idée qu'on aime à se faire de l'auteur de la *Princesse de Clèves*. Mme de la Fayette n'a jamais visé à passer pour une sainte. Elle était du monde; elle en avait les préoccupations et, si l'on veut, les faiblesses ; mais, comme nous la voyons toujours employer son activité au profit soit de ses enfants, soit de ses amis, je ne vois pas qu'il y ait à la défendre de ces faiblesses qui prenaient la forme assurément la plus excusable : celle de l'amour maternel et de l'amitié.

Je ne puis non plus m'empêcher de trouver qu'il a été fait un peu trop de bruit à propos de ses lettres au secrétaire de la duchesse de Savoie, et je suis tenté sur ce point de chercher querelle à l'écrivain d'élite qui a signé du nom d'Arvède Barine tant d'œuvres, tantôt légères, tantôt profondes, mais toujours attrayantes et exquises. J'oserai lui reprocher d'avoir en signalant, il y a quelques années déjà, la publication de ces lettres, trop cédé à l'amour du pittoresque, et de s'être complu à mettre en regard d'une Mme de la Fayette, légendaire et un peu idéalisée, une nouvelle Mme de la Fayette, habile, intéressée et presque intrigante. C'est un peu sa faute en effet (rien n'étant contagieux comme l'exemple du talent) si d'autres sont venus qui, avec moins d'esprit et de mesure, ont, à propos de ces malheureuses lettres, traité Mme de la Fayette de rouée, d'avide et d'hypocrite. De telle sorte qu'une légende nouvelle, mais en sens inverse, est en train de s'établir, et comme personne ou presque personne n'a lu les lettres elles-mêmes, la réputation de Mme de la Fayette en a souffert. Voyons donc un peu ce qu'il y a au fond de cette querelle et établissons d'abord l'origine et la nature des relations de Mme de la Fayette avec la duchesse de Savoie.

Jeanne-Baptiste de Nemours, femme de Charles-Emmanuel, duc de Savoie, était fille de ce duc de Nemours qui avait été tué, dans un duel tragique, par son beau-frère le duc de Beaufort. Sa jeunesse s'était passée à la cour d'Anne d'Autriche, où elle avait eu des débuts brillants. Elle était extrêmement belle, quoi qu'en dise dans ses *Mémoires* Mlle de Montpensier, qui, assez dénigrante de son naturel, avait de plus quelques griefs contre elle. « Il y a peu de personnes dont le mérite ait fait plus de bruit dans le monde que celui de Madame Royale, écrivait un envoyé secret que la France entretenait à Turin, et il semblerait qu'ayant à parler d'une personne qui n'est plus jeune, puisqu'elle passe quarante-cinq ans, on devrait taire les avantages du corps pour ne s'arrêter qu'à ceux de l'esprit. Cependant il est constant qu'à l'heure présente, l'âge n'a rien diminué des grâces de cette princesse, et qu'elle efface encore aujourd'hui les plus belles femmes de sa cour par la noblesse de son air, et par je ne sais quels agréments qui lui sont particuliers. » Plus jeune de dix années que Mme de la Fayette, comme l'était Madame, Jeanne-Baptiste de Nemours paraît lui avoir inspiré, et avoir conçu pour elle un attachement de la même nature. Il faut toute notre morgue démocratique pour ne pas comprendre la force de ces attachements, d'une nature si particulière, qui naissent du dévouement et que resserrent encore l'éloignement ou l'exil. Quand

Jeanne-Baptiste épousa en 1665 le duc Charles-Emmanuel II de Savoie, et qu'elle quitta, non sans regret sans doute, Paris pour Turin, elle fit promettre à Mme de la Fayette de demeurer en correspondance avec elle, et Mme de la Fayette, « extrêmement entestée à lui plaire », dit une lettre du temps, s'engagea à lui adresser des relations très exactes de tout ce qu'elle saurait de la cour et d'ailleurs. Lorsque Mme de la Fayette prenait cet engagement, elle ne prévoyait guère la place que cette relation tiendrait dans sa vie, ni les ennuis que sa royale amie lui causerait. Convenons tout de suite que cette affection ne paraît pas avoir été très bien placée, et que, malgré de très réelles qualités d'intelligence et de courage, malgré des séductions de cœur et d'intelligence auxquelles la relation inédite dont j'ai cité tout à l'heure un fragment rend encore hommage, en parlant « d'une certaine élévation simple et modeste et d'une liberté d'esprit qu'elle conservait dans l'embarras des plus grandes affaires », la duchesse de Savoie ne s'est pas montrée toujours digne d'une amie aussi sage et aussi éclairée que l'était Mme de la Fayette. Mais il faut lui tenir compte des excuses qu'elle pouvait invoquer. Durant les années où elle partagea le trône avec son mari, sa vie fut une vie de dégoûts et d'humiliations. Tenue à l'écart de toutes les affaires, humiliée en sa double qualité de femme et de souveraine, son tort fut de prendre une double revanche, lorsque la mort de Charles-Emmanuel et la minorité de son fils l'eurent mise en possession de la régence. Madame Royale (c'était le titre que lui assignait l'étiquette de la cour de Savoie) n'eut plus qu'une pensée : exercer à son tour la réalité du pouvoir. Aussi tint-elle son fils dans un état de dépendance et d'humiliation que celui-ci devait lui faire payer chèrement un jour. Malheureusement, elle voulut connaître aussi d'autres dédommagements. Elle eut des favoris, et, qui pis est, des favoris indiscrets : entre autres un certain comte de Saint-Maurice, vantard, intéressé, avide, avec lequel elle finit par se brouiller, puis d'autres après lui. Mais quoi? s'il fallait renoncer à toutes les relations de jeunesse qui ont manqué à l'idéal ou à la vertu, le nombre de celles qu'on conserverait ne laisserait pas d'être assez restreint vers la fin de la vie. Les rapports affectueux de Madame Royale avec Mme de la Fayette étaient parfaitement connus des amies de cette dernière, et Mme de Sévigné en parle à plusieurs reprises. On savait également que lors des démêlés de Madame Royale avec son fils, où la cour de France avait pris parti pour Madame Royale, Mme de la Fayette avait à plusieurs reprises servi d'intermédiaire à Louvois auprès de la régente. Tout cela était parfaitement connu, et personne n'y avait vu de mal, lorsque M. Perrero a découvert dans les archives de Savoie et publié à Turin vingt-huit lettres de Mme de la Fayette à Lescheraine, le secrétaire particulier de la duchesse de Savoie. Ce sont ces lettres qui ont fait scandale.

Il en résulte incontestablement la preuve que Mme de la Fayette était habituellement mêlée à toutes les affaires qui concernaient Madame Royale, et qu'elle avait également à cœur sa réputation, ses intérêts et ses plaisirs. Où est le crime en soi et faut-il, comme on l'a fait, accuser sa sensibilité, parce qu'une de ses lettres à Lescheraine est du mois de mai 1680, tandis que la mort de la Rochefoucauld est du mois de mars de cette même année? « Le cœur est brisé, a-t-on dit, mais la tête reste vive et nette. » Sans doute. Fallait-il qu'elle devînt folle, ou bien lui reproche-t-on, parce qu'elle avait eu la douleur de perdre la Rochefoucauld, de n'avoir pas renoncé du même coup à une affection qui remontait pour elle à tant d'années. Mais puisque je suis amené à parler de cette lettre, j'en citerai un passage assez curieux parce qu'on y retrouve la mesure et le bon goût de Mme de la Fayette, à propos d'un panégyrique de Madame Royale, que Lescheraine avait fait insérer dans la *Gazette de France*. « Votre relation est trop belle, lui écrit-elle. Il ne faut point de fleurs ni d'air égayé dans ces natures de choses et il faut que tout soit noble et simple. Au moins c'est le goût présent de ce pays ici, mais je doute que ce soit celui du lieu où vous êtes; ainsi je ne vous condamne pas. Les périodes longues ne sont pas non plus du style que l'on aime. J'ai vu une lettre dans le *Mercure galant* qui doit être de vous. Je songeais bien en la lisant que je ne vous la laisserais pas porter en l'autre monde, à cause de la longueur des périodes.

Voilà tout ce qu'une fluxion sur le visage me permet de vous dire. »

C'est bien la lettre de la femme qui disait qu'une période retranchée d'un ouvrage vaut un louis, et un mot vingt sous. Elle ne s'exprime pas avec moins de finesse, dans une autre lettre, à propos des préoccupations que lui cause l'humeur amoureuse de Madame Royale. « Ce pauvre chien » de Saint-Maurice vient d'être renvoyé, mais elle craint qu'il ne soit tôt remplacé, et Lescheraine ne parvient pas à dissiper ses appréhensions. « Je vous ai trouvé si rassuré, d'un ordinaire à l'autre, sur un chapitre où il faut des années entières pour se rassurer, que je ne sais si vous m'avez parlé sincèrement. Encore, quand je dis des années entières, c'est des siècles qu'il faut dire, car à quel âge et dans quel temps est-on à couvert de l'amour, surtout quand on a senti le charme d'en être occupé? On oublie les maux qui le suivent; on ne se souvient que des plaisirs, et les résolutions s'évanouissent. » Et, dans une autre lettre : « Je vous assure que je ne ferai part à personne, sans exception, de vos prophéties; mais il me semble qu'elles ne vous sont point particulières et que le bruit général promet le même bonheur à ce petit homme. Il faut faire tout ce qui sera possible pour l'empêcher d'être heureux, parce que son bonheur sera le malheur de la personne que nous honorons. Le bonheur même du cavalier ne sera peut-être pas sans traverses; ces sortes de places ne sont ni tranquilles ni éternelles. »

Les prophéties de Lescheraine, qui changeait si facilement d'avis d'un ordinaire à l'autre, et les inquiétudes de Mme de Lafayette, ne devaient pas tarder à se réaliser. Ce fut le comte Masin, un petit Niçard, comme dit Mme de la Fayette, qui remplaça le comte de Saint-Maurice, et quoiqu'il tînt la place plus modestement, le bruit de son bonheur ne tarda pas à se répandre au delà des murs de Turin. Aussi voyons-nous Mme de la Fayette fort troublée de l'apparition d'un libelle « aussi fol que malin », imprimé en Hollande sous ce titre : *Les Amours de la cour de Turin,* prendre ses précautions en conséquence, et s'occuper de concert avec Lescheraine à en arrêter la distribution. Il ne me semble pas qu'il y ait à blâmer sa sollicitude ni à railler son dévouement dans une circonstance où l'honneur de Madame Royale était en jeu.

Les circonstances devaient se charger au reste de grandir le rôle de Mme de la Fayette, en faisant d'elle un agent véritable de la politique française. Il faut lire dans la belle *Histoire de Louvois,* de M. Camille Rousset, complétée par la publication de M. Perrero, les détails de la lutte, à la fois mesquine et dramatique, qui finit par s'engager entre la mère et le fils, lutte où tout prenait les proportions d'un événement, depuis un voyage que le duc de Savoie avait fait à la Vénerie sans emmener sa mère, jusqu'aux changements apportés dans l'uniforme du régiment qui portait le nom de Madame Royale. L'histoire n'aurait pas cependant conservé le souvenir de ces discussions si, à chaque instant, Madame Royale n'avait invoqué dans son intérêt l'intervention de la cour de France, tandis que de son côté le duc de Savoie s'efforçait de se rendre cette cour favorable, tout en préparant la défection qu'il devait consommer en prenant part à la coalition de 1690. Louvois était alors le ministre tout-puissant dont il fallait capter la faveur. Le duc de Savoie avait comme intermédiaire auprès de lui son ambassadeur. Mais Madame Royale avait Mme de la Fayette, et des deux celle-ci n'était pas l'agent le moins actif ni le moins puissant. Aussi l'ambassadeur de Savoie, désespéré de rencontrer souvent chez Louvois un esprit déjà prévenu contre son maître, écrivait-il au duc de Savoie : « Mme de la Fayette est un furet qui va guettant, et parlant à toute la France pour soutenir Madame Royale en tout ce qu'elle fait ». Ce qui venait en aide à Mme de la Fayette, c'est que Madame Royale, emportée par son ressentiment, n'hésitait pas à trahir en quelque sorte le gouvernement de son fils en faisant parvenir à Louvois les renseignements qu'elle jugeait pouvoir lui être utiles sur les manèges qui se pratiquaient à Turin contre la France. Les lettres de Mme de la Fayette ne donnent cependant point à penser qu'elle ait eu connaissance de la gravité des intérêts qui se dissimulaient sous cette querelle de famille ; ce qui la préoccupe surtout, c'est de défendre la mère contre les représailles assez légitimes de son fils. La tâche qu'elle avait entreprise ne lui était guère rendue facile. Si elle réussissait à se faire écouter de Louvois, elle n'avait pas toujours autant de succès auprès de Madame Royale elle-même. Aussi, dans un accès de dépit, évidemment inspiré par le peu de cas qu'on faisait de ses avis, écrivait-elle un jour à Lescheraine : « L'on donne des conseils, mon cher monsieur, mais l'on n'imprime point de conduite. C'est une maxime que j'ai prié M. de la Rochefoucauld de mettre dans les siennes [1]. J'écris néanmoins, vous le verrez. » Elle ne se décourageait pas en effet, et, bien que la dernière des lettres publiées par M. Perrero date de 1681, il n'y a pas lieu de douter qu'elle ne soit demeurée jusqu'au bout amie dévouée et de bon conseil. Je ne vois pas quel crime on peut lui faire d'être restée fidèle dans l'adversité à un attachement qui datait de sa jeunesse et d'avoir servi en même temps, quoique d'une façon peut-être inconsciente, les intérêts de la France.

Reste à discuter un dernier chef d'accusation, car c'est un véritable réquisitoire qui a été dressé contre Mme de la Fayette, à la suite de la publication de M. Perrero. La duchesse de Savoie recevait assez fréquemment de sa sœur, la reine de Portugal, des caisses de présents. Ces présents consistaient en objets venant des Indes, pays avec lequel le Portugal était alors un des rares peuples de l'Europe entretenant un commerce actif. Le crime de Mme de la Fayette est d'avoir témoigné à Lescheraine le plaisir

---

[1] Cette maxime figure en effet pour la première fois dans l'édition de 1678.

qu'elle aurait à ne pas être oubliée dans la distribution que Madame Royale faisait de ces présents, parmi les personnes de sa cour. « J'ai bien sur le cœur contre vous, lui écrit-elle, de ne m'avoir rien su dérober quand les présents vinrent du Portugal. Si vous faites la même chose au retour de M. de Dronero (le marquis de Dronero, qui allait en ambassade à Lisbonne demander la main de l'infante pour Victor-Amédée), je rabattrai les deux tiers de la bonne opinion que j'ai de vous. J'ai déjà mandé à Madame Royale que nous aimions ici tout ce qui vient des Indes, jusques au papier qui fait les enveloppes. » Cette innocente phrase a suffi pour faire traiter Mme de la Fayette de personne rapace et cupide. Or en quoi consistaient ces présents du Portugal qui lui faisaient si fort envie? Elle-même va nous le dire, dans une lettre suivante : en petites boîtes de bois verni et de laque ciselée. Mais, par contre, quand elle a chargé Lescheraine de faire fabriquer pour son compte trente aunes de damas à la fabrique de Turin, elle le gronde à plusieurs reprises d'avoir parlé de cette commission à Madame Royale, car celle-ci s'était empressée de déclarer qu'elle voulait faire don de ces trente aunes à Mme de la Fayette. « Pourquoi avez-vous eu la langue si longue? lui écrit-elle.... Je suis honteuse que vous ayez parlé à Madame Royale. Elle me comble de biens. » Ajoutons que si elle exprime à plusieurs reprises sa satisfaction d'avoir reçu en présent de Madame Royale de belles copies des tableaux qui se trouvaient au musée de Turin, rien ne montre qu'elle les ait sollicitées. C'était pour Madame Royale le moyen de reconnaître le soin que prenait Mme de la Fayette de lui envoyer de Paris des objets d'ajustement et autres bagatelles. On a honte vraiment de défendre une femme comme Mme de la Fayette d'accusations aussi basses. Il le fallait cependant, et il était nécessaire de montrer que ces lettres publiées par M. Perrero ont révélé une Mme de la Fayette nouvelle à ceux-là seulement qui ne connaissaient pas la véritable. Encore une fois elle était du monde, sinon pour elle-même, du moins pour les siens; elle n'en avait répudié ni les préoccupations ni les intérêts, et elle ne vivait ni à Port-Royal ni au Carmel. Mais je ne vois pas que, pour nous apparaître amie aussi fidèle et, si l'on veut, négociatrice aussi habile qu'elle se montrait mère attentive et industrieuse, il y ait lieu à rien rabattre de l'estime où on la tenait, et je ne puis m'empêcher de trouver que ceux qui se sont gendarmés si fort contre elle ont fait preuve d'un peu de rigorisme.

V

DERNIÈRES ANNÉES

Si l'on jette un coup d'œil sur cette vie telle que nous venons de la retracer, il semble que rien n'ait manqué à Mme de la Fayette de ce qui est nécessaire au bonheur. Les grandes épreuves de la vie l'avaient épargnée. Elle avait la fortune, le crédit, le talent. Des affections précieuses l'environnaient. Si sa jeunesse n'avait pas connu l'enivrement de l'amour, et si son âge d'or avait été un peu terne, les années l'avaient dédommagée, et son âge d'argent, pour employer une jolie expression de Mme de Tracy, brillait d'un doux éclat. D'où vient cependant que tout ce qui demeure ou ce qu'on rapporte d'elle, lettres, romans, propos, respire une certaine tristesse, et que, dans le lointain du passé, elle nous apparaît comme une figure un peu plaintive et mélancolique ? Serait-ce que les circonstances de la vie font moins pour le bonheur ou le malheur de l'être qu'un certain fond de nature, et une certaine humeur qui empêchent de jouir des biens, ou qui font au contraire supporter les maux avec légèreté ? Benjamin Constant, racontant un dîner qu'il avait fait à Lausanne avec des émigrés qu'il avait trouvés dans la détresse, ajoutait plaisamment : « Ils se sont efforcés de me consoler de leurs malheurs ». On trouve ainsi des gens qui ont le malheur gai. D'autres au contraire ont le bonheur triste, et Mme de la Fayette était du nombre. Plus d'une raison, il est vrai, entretenait chez elle cette disposition à la tristesse. C'était d'abord une extrême sensibilité qui lui faisait ressentir des choses une impression parfois excessive. Ainsi, lorsque Mme de Sévigné allait la voir à la veille d'un départ pour la Bretagne ou pour la Provence, il ne fallait pas lui dire que c'était une dernière visite, car sa délicatesse ne pouvait supporter la pensée de cet éloignement et l'émotion d'un adieu. Un jour qu'on parlait devant elle, et en présence de M. le Duc, de la campagne à laquelle celui-ci allait prendre part, elle se représenta si vivement les périls auxquels il ne pouvait manquer d'être exposé, qu'elle ne put retenir ses larmes. Mais cette sensibilité un peu maladive avait elle-même pour origine la faiblesse de sa constitution. Assez jeune encore, puisqu'elle n'avait pas quarante ans, on voit par les lettres de Mme de Sévigné que déjà sa santé était profondément atteinte. Certains jours la fièvre la prend, et ces jours-là tout la fatigue, même de dire bonjour et bonsoir ; c'est un repos complet et absolu qu'il lui faut. Son mal était *les vapeurs*. Les vapeurs tenaient, dans la médecine d'alors, la place que les névralgies tiennent dans la médecine d'aujourd'hui. C'était le nom que les médecins donnaient aux maladies dont ils ne découvraient ni la cause ni le remède, et qu'ils traitaient comme sans conséquence, jusqu'au jour où ils les déclaraient mortelles. Mme de la Fayette en devait faire l'expérience. Ses souffrances ne l'empêchaient pas de parler plaisamment de ses maux. « C'est un chien de mal que les vapeurs, écrit-elle à Ménage. On ne sait ni d'où il vient ni à quoi il tient. On ne sait que lui faire. On croit l'adoucir, il s'aigrit. Si jamais je suis en état d'écrire, je ferai un livre entier contre ce mal. Il n'ôte pas seulement la santé. Il ôte l'esprit et la raison. Si jamais j'ai la plume à la main, je vous assure que j'en ferai un beau traité. » Mais ce qui lui est le plus pénible dans son mal, c'est que son humeur en est altérée. Elle est toujours triste, chagrine, inquiète, sachant très bien qu'elle n'a aucun sujet de chagrin, de tristesse ni d'inquiétude. Elle se désapprouve continuellement. C'est un état assez rude. Aussi ne croit-elle pas y pouvoir subsister, et, dans la pensée de sa mort prochaine, elle demande à Ménage, cependant beaucoup plus âgé qu'elle, de conserver à ses enfants l'amitié qu'il lui a toujours témoignée. « Un ami tel que vous, dit-elle en terminant cette lettre, sera le meilleur morceau de la succession que je leur laisserai. »

Mais la véritable épreuve de cette seconde moitié de sa vie fut pour Mme de la Fayette la perte de la Rochefoucauld. En 1680, elle avait quarante-six ans, il en avait soixante-cinq. Si fortement travaillé qu'il fût par la goutte, il était demeuré cependant d'une constitution robuste, et, délicate comme elle l'était, Mme de la Fayette pouvait croire qu'il lui survivrait. D'année en année s'était resserré le lien qui les unissait, et il semble que la Rochefoucauld eût renoncé à tout autre intérêt qu'à vivre pour elle. En 1671, il s'était démis en faveur de son fils Marsillac de son duché-pairie, et depuis 1673 il n'était plus retourné à Versailles. Bien qu'il ne bougeât guère de Paris, il avait fait cependant en 1676 un brillant voyage dans l'Angoumois, « allant comme un enfant, dit Mme de Sévigné, voir Verteuil, ses bois, et les lieux où il avait chassé avec tant de plaisir ». Pendant ce temps Mme de la Fayette était retenue à Saint-Maur par son mal de côté. Il était donc demeuré plus alerte qu'elle. Mais la goutte, dont il avait ressenti les premières atteintes en 1653, allait chez lui s'aggravant, au point de lui rendre l'existence singulièrement pénible. Peut-être aurait-elle respecté sa vie, si, dans une crise d'oppression, il ne se fût avisé de s'adresser à un empirique dont le remède l'emporta en quelques jours. « Ni le soleil ni la mort, avait-il dit, ne se peuvent regarder fixement. » Cependant il regarda fixement la mort, et se disposa en conséquence. Le matin du jour où il reçut les sacrements, il ne vit point Mme de la Fayette « parce qu'elle pleurait ». Mais vers midi ce fut lui qui envoya demander de ses nouvelles. Pendant toute cette triste journée, Mme de Sévigné tint compagnie à son amie. La robuste constitution du malade opposait résistance au mal, et, le soir à neuf heures, Mme de la Fayette avait repris assez d'espoir pour être en état de jeter les yeux sur un billet de Mme de Grignan. Mais à minuit la Rochefoucauld fut pris d'une crise de suffocation, et il expira entre les bras de Bossuet. Ce que fut la douleur de Mme de la Fayette, Mme de Sévigné l'a dit trop éloquemment pour qu'on puisse faire autre chose que la citer. « M. de Marsillac, écrivait-elle quelques jours après, à Mme de Grignan, est dans une affliction qui ne se peut représenter; mais il retrouvera le Roi et la cour; toute sa famille se retrouvera en sa place; mais où Mme de la Fayette retrouvera-t-elle un tel ami, une telle société, une pareille douceur, un agrément, une confiance, une considération pour elle et pour son fils? Elle est infirme; elle est toujours dans sa chambre; elle ne court point les rues; M. de la Rochefoucauld était sédentaire aussi; cet état les rendait nécessaires l'un à l'autre; rien ne pouvait être comparé à la confiance et aux charmes de leur amitié. Ma fille, songez-y; vous trouverez qu'il est impossible de faire une perte plus sensible et dont le temps puisse moins consoler. Je ne l'ai pas quittée tous ces jours. Elle n'allait point faire la presse parmi cette famille; aussi elle avait besoin qu'on eût pitié d'elle. » Et dans une autre lettre : « La petite santé de Mme de la Fayette soutient mal une telle douleur; elle en a la fièvre, et il ne sera pas au pouvoir le temps de lui ôter l'ennui de cette privation ; sa vie est tournée d'une manière qu'elle la trouvera tous les jours à dire. »

Cette idée que le temps ne peut rien contre la douleur de Mme de la Fayette revient souvent sous la plume de Mme de Sévigné. Alors que le cercueil de la Rochefoucauld était sur le chemin de Verteuil, elle écrivait encore à Mme de Grignan : « Pour Mme de la Fayette, le temps qui est si bon aux autres, augmente et augmentera sa tristesse ». Et quelques jours plus tard : « Mme de la Fayette est tombée des nues ; tout se console et se consolera hormis elle ». Chaque incident renouvelait sa douleur. Un jour, Mme de Sévigné la trouvait toute en larmes, parce que quelques lignes de l'écriture de la Rochefoucauld lui étaient tombées sous la main. Mme de Sévigné sortait ce jour-là des Carmélites où l'évêque d'Autun, Gabriel de Roquette, venait de prononcer l'oraison funèbre de Mme de Longueville. Elle y avait trouvé Mlles de la Rochefoucauld. Elles y avaient pleuré aussi leur père : « C'était donc, ajoute-t-elle, à l'oraison funèbre de Mme de Longueville que ses filles pleuraient M. de la Rochefoucauld. Ils sont morts tous les deux dans la même année. Il y avait bien à rêver sur ces deux noms. Je ne crois pas en vérité que Mme de la Fayette se console. Je lui suis moins bonne qu'une autre, car nous ne pouvons nous empêcher de parler de ce pauvre homme, et cela tue. Tous ceux qui lui étaient bons avec lui perdent leur prix auprès d'elle. Elle est à plaindre. »

Mme de la Fayette était à plaindre en effet. Dans une lettre à Mme de Sévigné, qui a malheureusement été perdue, elle lui écrivait avec mélancolie :

> Rien ne peut réparer les biens que j'ai perdus ;

et ce vers, que Mme de Sévigné cite après elle, peint bien l'état d'accablement où son âme était réduite. Pendant quelques mois elle demeura indifférente à tout, même à ce qui d'ordinaire la touchait le plus vivement : la fortune de ses enfants. Ce fut à peine si elle parut se réjouir du régiment qui fut donné à son fils. Elle alla bien à Versailles remercier le roi ; mais elle n'y put tenir, et s'en revint le même jour, malgré les efforts qu'on fit pour la garder. Aussi Mme de Sévigné mande-t-elle à Mme de Grignan que le cœur de son amie est blessé au delà de ce qu'elle croyait. A cette blessure il n'y avait qu'un remède. En effet, « après l'amour, après l'amitié absolue, sans arrière-pensée ni retour ailleurs, tout entière occupée et pénétrée et la même que vous, il n'y a que la mort ou Dieu ». Ainsi pensait et écrivait Sainte-Beuve... en 1836 et il avait raison. Mais je ne crois pas que dans l'étude achevée qu'il a consacrée à Mme de la Fayette il se soit servi d'une expression juste en parlant de sa conversion. Il n'y eut en effet dans sa vie ni brusque changement, ni, comme on disait au XVIIe siècle, coup de la grâce, mais orientation plus habituelle et plus fixe de la pensée vers un même but. Les pratiques religieuses n'avaient jamais cessé de tenir leur place dans les habitudes de Mme de la Fayette. Nous l'avons vue aller avec Mme de Sévigné aux sermons de Bourdaloue, et revenir transportée des divines vérités qu'il avait dites sur la mort. Par sa belle-sœur, l'abbesse de Chaillot, par une sœur religieuse, elle avait toujours été en relations avec les grands couvents de Paris. Quand elle s'établit rue de Vaugirard, elle fréquenta celui des dames du Calvaire, qui était situé en face de son hôtel. En 1673, elle écrit à Mme de Sévigné qu'elle voit la supérieure quasi tous les jours. « J'espère, ajoute-t-elle avec humilité, qu'elle me rendra bonne. » Mais dans ce voyage de l'âme vers Dieu, il y a plus d'une étape. Le chemin est long de la tiédeur à la dévotion, et parfois il faut moins de temps pour passer de l'incrédulité à la ferveur, en franchissant toute la route d'un bond. Quelques mois après la mort de la Rochefoucauld, Mme de la Fayette alla, en compagnie de Mme de Coulanges, voir Mme de la Sablière, aux Incurables. Sans vouloir comparer deux femmes, et surtout deux vies bien différentes, il pouvait y avoir entre l'état d'âme où elles se trouvaient l'une et l'autre quelque analogie. Mme de la Sablière avait été pendant quelques années passionnément aimée du marquis de la Fare; puis celui-ci l'avait abandonnée pour la bassette, dit Mme de Sévigné, pour la Champmeslé, disent d'autres témoignages. L'âme délicate et fière de Mme de la Sablière avait été sensible à la perte autant qu'à l'affront. Sans bruit, sans éclat, sans dire qu'elle renonçait au monde, et sans même abandonner complètement sa maison où continua de demeurer La Fontaine, elle alla s'établir aux Incurables, et se dévoua aux soins des malades que contenait cet hôpital. Elle y devait demeurer jusqu'à sa mort, qui survint la même année que celle de Mme de la Fayette. Mais elle y était installée depuis quelques mois à peine, lorsqu'elle reçut la visite des deux amies. Mme de la Fayette fut-elle frappée du courage avec lequel Mme de la Sablière avait cherché dans la dévotion un remède contre les douleurs de l'infidélité et de l'abandon, pires que celles de la mort? Entrevit-elle ce jour-là qu'il n'y a point de souffrances que la religion ne puisse adoucir, et que, suivant une belle parole, « c'est la différence d'une plaie qui est pansée à une plaie qui ne l'est pas »? Il serait téméraire de l'affirmer, bien que Mme de Sévigné l'espérât : « peut-être, mandait-elle à sa fille, que c'est le chemin qui fera sentir à Mme de la Fayette que sa douleur n'est pas incurable ». A cette nouvelle évolution de son âme il n'est pas plus possible d'assigner une date précise qu'à l'origine de ses sentiments pour la Rochefoucauld. Mais ce n'étaient encore que des velléités, et elle ne fut définitivement fixée dans cette voie que le jour où elle rencontra Du Guet.

Dans un de ses volumes d'*Études morales*, M. Caro a consacré quelques belles pages à la direction des âmes au xviie siècle. Il a marqué d'un trait fin et sûr la différence qui existait alors entre le confesseur, c'est-à-dire le ministre direct d'un sacrement nécessaire, qui n'avait le droit de se refuser à personne, et le directeur, à la fois guide et ami spirituel, qui n'acceptait pas le gouvernement de toutes les âmes, et dont le choix marquait déjà une faveur et une prédilection. Peut-être a-t-il été trop loin cependant en écrivant que ces distinctions peuvent paraître subtiles et oiseuses, tant les idées qu'elles supposent nous sont devenues étrangères. Bien des femmes auraient pu lui répondre en effet qu'il existe encore de ces prêtres amis des âmes, « confidents, comme il le disait en termes excellents, non pas seulement des fautes, mais des peines secrètes et des troubles, sachant à chacune de ces âmes diversement blessées parler son langage, scruter, sonder sa plaie de l'œil et de la main, la traiter avec des ménagements infinis, et un art plein à la fois de délicatesse et de précision ». Mais il est certain que cet art de la direction était poussé beaucoup plus loin au xviie siècle que de nos jours, lorsqu'il était pratiqué par des maîtres qui s'appelaient François de Sales ou Fénelon. De moins haut placés s'y consacraient plus particulièrement encore, tels que ces illustres directeurs de Port-Royal, les Saint-Cyran ou les Singlin, et la rigueur des seconds n'attirait pas moins les âmes que la tendresse des premiers. Du Guet n'appartenait précisément ni à l'une ni à l'autre école. Dans cette grande famille des directeurs, il a marqué lui-même d'un mot juste la place qu'il occupait : « Je ne confesse point, disait-il, mais on croit que j'ai le don de consolation », c'est-à-dire qu'on ne lui apportait point l'aveu de longs égarements, mais qu'on avait recours à lui lorsque le fardeau de la vie semblait trop lourd, et que, pour en porter le poids, le besoin d'un appui surnaturel se faisait sentir. C'était bien le directeur qu'il fallait à Mme de la Fayette. Elle devait encore aimer en lui un certain tour d'urbanité, et un fond d'honnête homme (au sens où cette expression s'employait autrefois) dont, même comme directeur, il ne se départait jamais. C'est ainsi qu'après avoir écrit à Mlle de Vertus, la descendante des ducs de Bretagne, la sœur de l'altière Mme de Montbazon, « que pour entrer au royaume des cieux, il faut que les grands se courbent, se ploient, s'estropient », il terminait en disant : « Je suis, mademoiselle, à vos pieds, dans le temps que j'ose vous écrire de telles choses, mais vous connaissez Jésus-Christ et sa loi, et vous me pardonnez bien sans doute une liberté que vous m'avez donnée ».

Ce ton particulier tenait chez Du Guet à la fois de la nature et de l'éducation. Il était né en 1649 dans le Forez, au pays de l'*Astrée*. Aussi l'*Astrée* fut-elle une de ses premières lectures, et, dans l'enchantement qu'elle lui causa, il entreprit la composition d'un roman dans le même goût, où il aurait fait entrer en scène les aventures des principales familles du pays. Il voulut en lire les premiers chapitres à sa mère, mais celle-ci l'arrêta dès le début : « Vous seriez bien malheureux, mon fils, lui dit-elle, si vous faisiez un si mauvais usage des talents que Dieu vous a donnés ». Du Guet jeta son roman au feu, et ne recommença plus. Mais il conserva toujours ces goûts et cette complaisance littéraires qui éclatent principalement dans sa *Description de l'œuvre des six jours*, réimprimée par les soins de M. de Sacy dans la *Bibliothèque spirituelle*. L'éducation ecclésiastique qu'il reçut ne devait point combattre cette disposition. Ce fut à l'Oratoire qu'il étudia, et, ordonné prêtre en 1677, il demeura membre de cette docte congrégation jusqu'à l'époque où l'Oratoire, envahi par le jansénisme, exigea de ses membres la signature d'un décret réglementaire des études dont le but était en réalité d'éprouver leur orthodoxie. Du Guet refusa de signer, et il quitta Paris pour aller se réfugier à Bruxelles auprès d'Arnauld, mais sans dire où il allait et en cachant le lieu de sa retraite. Quelques années après, il écrivait à propos de ce départ, à l'une des femmes qu'il dirigeait : « Il y a deux ans, madame, je vous quittai bien tristement ; j'avais eu l'honneur de vous dire adieu la veille, mais je n'avais pu soutenir un adieu déclaré ». C'est ainsi que Mme de la Fayette ne pouvait soutenir l'adieu déclaré de Mme de Sévigné. Au bout d'un an Du Guet devait revenir, mais pour vivre d'une vie cachée dont le mystère dura jusqu'en 1690. A cette époque, il put s'établir, sans crainte d'être inquiété, dans l'hôtel du Président de Menars, où il croyait ne séjourner que quelques mois et où il passa trente ans.

Il est impossible de dire avec certitude si son entrée en relations avec Mme de la Fayette précéda le temps de son exil volontaire, mais cela paraît probable; car dès cette époque Du Guet était fort recherché comme directeur, et Mme de la Fayette, de jeunesse assez portée vers le jansénisme, devait volontiers s'accommoder d'un directeur qui tenait à Port-Royal sans en être, et qui en professait l'austérité sans en adopter les excès. Le seul témoignage public qui subsiste de leurs relations est une lettre de Du Guet à Mme de la Fayette. Mais cette lettre est sans date. Sainte-Beuve l'a exhumée le premier des dix volumes de *Lettres de Du Guet sur divers sujets de morale et de religion* où elle était comme enfouie. Oserai-je dire que, suivant moi, il n'en a pas tout à fait entendu le sens, l'emploi par Du Guet de certains mots lui ayant fait croire à tort que Mme de la Fayette avait eu des incertitudes d'esprit, et que son directeur avait dû commencer par la raffermir dans la foi. Rien ne montre, dans la vie de Mme de la Fayette, qu'elle ait passé par ces angoisses du doute qui sont de nos jours une si commune épreuve, et que connaissaient rarement les âmes d'un siècle en cela plus heureux. Le mal religieux dont elle souffrait, c'était la tiédeur; c'était, comme disait la langue particulière de la dévotion d'alors, de *n'avoir pas de sensible* en ce qui concernait Dieu. C'est contre ce mal que Du Guet lui suggère des remèdes dans une admirable lettre que j'abrège à regret, tout en la citant plus complètement que ne l'a fait Sainte-Beuve. Cette lettre commence ainsi :

« J'aurais mieux aimé vos pensées que les miennes,

madame, et ceci n'est point un raffinement d'humilité. C'est qu'en effet il vous est plus utile de trouver vous-même les sentiments de votre cœur que d'adopter ceux d'autrui, et qu'il y a toujours deux dangers quand on a sa leçon par écrit, l'un de s'amuser par une méthode qui ne change rien, l'autre de s'en dégoûter bientôt. » Mais puisque Mme de la Fayette insiste, il se rend et va lui tracer un règlement de vie :

« J'ai cru, madame, que vous deviez employer utilement les premiers moments de la journée, où vous ne cessez de dormir que pour commencer à rêver. Je sais que ce ne sont point alors des pensées suivies, et que souvent vous n'êtes appliquée qu'à n'en point avoir ; mais il est difficile de ne pas dépendre de son naturel quand on veut bien qu'il soit le maître, et l'on se retrouve sans peine quand on en a beaucoup à se quitter. Il est donc important de vous nourrir d'un pain plus solide que ne sont des pensées qui n'ont point de but, et dont les plus innocentes sont celles qui ne sont qu'inutiles ; et je croirais que vous ne pourriez mieux employer un temps si tranquille qu'à vous demander compte à vous-même d'une vie déjà fort longue, mais dont il ne vous reste rien qu'une réputation, dont vous comprenez mieux que personne la vanité.

« Jusqu'ici les nuages dont vous avez essayé de couvrir la religion vous ont cachée à vous-même. Comme c'est par rapport à elle qu'on doit s'examiner et se connaître, en affectant de l'ignorer, vous n'avez ignoré que vous. Il est temps de laisser chaque chose à sa place, et de vous mettre à la vôtre. La Vérité vous jugera, et vous n'êtes au monde que pour la suivre et non pour la juger. En vain l'on se défend, en vain on dissimule ; le voile se déchire à mesure que la vie et ses cupidités s'évanouissent, et l'on est convaincu qu'il en faudrait mener une toute nouvelle, quand il n'est plus permis de vivre. Il faut donc commencer par le désir sincère de se voir soi-même, comme on est vu de son Juge. Cette vue est accablante, même pour les personnes les plus déclarées contre le déguisement : elle nous ôte toutes nos vertus, et même toutes nos bonnes qualités, et l'estime que tout cela nous avait acquise. On sent qu'on a vécu jusque-là dans l'illusion et le mensonge ; qu'on s'est nourri de viandes en peinture ; qu'on n'a pris de la vertu que l'ajustement et la parure, et qu'on en a négligé le fond, parce que ce fond est de rapporter tout à Dieu et au salut, et de se mépriser soi-même en tout sens, non par une vanité plus sage et par un orgueil plus éclairé et de meilleur goût, mais par le sentiment de son injustice et de sa misère.

« On prend alors le bon parti, et l'on comprend que l'on a abusé de tout, parce que l'on s'est établi la fin de ses soins, de ses réflexions, de ses amis, de ses vertus. On gémit en voyant une si prodigieuse inutilité dans toute sa vie, où les affaires même les plus importantes ont dégénéré en amusements, parce qu'elles n'ont point eu de fin éternelle, et qu'il n'y a qu'une fin éternelle qui soit sérieuse. On est effrayé de ce nombre presque infini de fautes qu'on n'a presque jamais senties, et que de plus grandes n'excusent pas, quoiqu'elles nous en cachent l'horreur. Enfin on s'abîme dans une salutaire confusion, en repassant dans l'amertume de son cœur tant d'années dont on ne peut soutenir la vue, et dont cependant on ne s'est point encore sincèrement repenti, parce qu'on est assez injuste pour excuser sa faiblesse, et pour aimer ce qui en a été la cause. »

Ici s'arrête la citation de Sainte-Beuve, et il a raison d'admirer combien le ton de cette lettre est approprié à la nature et à la vie de la personne à laquelle elle était adressée. Mais je ne crois pas qu'il faille entendre comme lui cette phrase « sur les nuages dont Mme de la Fayette aurait essayé de couvrir la religion » et cette autre « sur la Vérité qui ne doit point être jugée », en ce sens qu'elle avait raisonné sur la foi et qu'elle avait douté. La suite de cette admirable épître va nous faire mieux comprendre la pensée de Du Guet :

« Il est impossible de découvrir tant de choses d'un seul coup d'œil. Il faut d'ailleurs plus de temps pour les sentir que pour les voir, et quand on aurait assez d'activité pour faire l'un et l'autre en peu de temps, il est juste d'en donner beaucoup aux réflexions sur les suites qu'une telle vie a dû nécessairement avoir. Elles me font plus de peur que les fautes les plus importantes, quoiqu'elles ne paraissent point fautes. Cette crainte et cet ennui du cœur, si contraires à la piété, vient de là. Il se traîne à terre parce qu'il a perdu ses appuis. Il sent le poids de sa langueur, sans désirer d'en guérir, et il aime mieux n'aimer rien que de commencer à aimer Dieu. Comme il ne connaît que les biens dont il a joui, il ne veut que ce qui leur ressemble. Toute autre chose n'a point de prix à son égard. Il ne peut s'y attacher sans violence et sans effort, et tout effort lui est plus pénible que l'ennui qui le dévore. En un mot il aime mieux se passer de tout que d'avoir quelque chose avec peine. Il est tombé dans cet excès de mollesse et de dégoût par la mollesse même des plaisirs et des sens qui l'ont réduit à ne pouvoir rien souffrir que sa misère. Il ne peut se quitter un moment ni s'élever vers quelque bien d'un autre ordre que lui et ses anciennes habitudes, sans sentir qu'il en est las et dans une situation violente. Et comme on n'a de courage que par le cœur, il est aisé de comprendre combien l'on est faible quand on en a un qui l'est si fort. »

Ce que Du Guet reproche en réalité à Mme de la Fayette, c'est de ne pas se juger elle-même avec assez de sévérité, et de s'être fait une fausse conscience ; c'est sa complaisance pour d'anciennes habitudes et la faiblesse de son cœur qui l'empêchent de s'élever vers des biens d'un autre ordre ; c'est qu'elle aime mieux n'aimer rien que de commencer à aimer Dieu. Mais son rôle de directeur ne serait pas rempli si, après avoir avec une telle sagacité dépeint son mal à cette âme, il ne lui indiquait pas le remède, et il continue :

« Il faut montrer à Jésus-Christ tout cela, et les

principes du mal et les suites. Lui seul est notre santé et notre justice. En vain vous employeriez tous vos efforts. L'orgueil est capable d'en faire de grands; mais ils augmentent le mal. Il faut s'abattre au pied du Sauveur. Il faut lui confesser son impuissance et sa misère. Il est venu pour relever les humbles et pour guérir les malades; mais il demande de la foi, et si la vôtre est trop imparfaite, suppliez-le de vous en donner une plus grande, parce qu'en effet c'est lui qui donne tout. Sa sagesse a fait dépendre la sainteté de l'humilité, l'humilité de la prière et la prière de la foi. Mais sa miséricorde donne les premières dispositions dont les autres sont la récompense, et l'on commence à mériter tout quand on est bien convaincu qu'on n'a rien et qu'on est indigne de tout. C'est par le désespoir qu'on est conduit à l'espérance; car il faut sentir que toutes les autres ressources vous manquent pour s'adresser à Jésus-Christ avec fruit.... Il est temps alors de le conjurer de revenir à nous, afin que nous retournions sincèrement à lui, de rompre lui-même les liens que nous nous sommes faits, et dont nous ne gémissons pas assez pour devenir libres, de n'avoir aucun égard à notre indifférence et à notre peu de soif de la justice pour nous rendre justes, d'aller par sa bonté plus loin que nos faibles désirs, et de nous donner ce que nous craignons peut-être de recevoir. Quand on est peu touché, c'est de son insensibilité même qu'il faut l'entretenir, et quand on sent un peu d'amour, c'est à l'amour à lui rendre grâce et à le prier. »

Puis, à la fin de cette lettre sévère, l'urbanité se retrouve, comme dans la lettre à Mlle de Vertus dont j'ai cité un fragment. Il craint d'avoir manqué à la politesse, et il termine en disant :

« Il ne me reste plus, madame, qu'à vous demander pardon des expressions qui vous paraîtront ou dures ou injustes. J'ai supposé que c'était vous qui vous parliez à vous-même, et j'ai cru que vous auriez moins de ménagements pour vous que je n'en dois avoir. Vous êtes d'ailleurs la maîtresse de cet écrit, et vous pourrez le condamner tout entier pour les endroits qui vous déplairont. Il me suffit, madame, de vous avoir montré ma sincérité. Je voudrais qu'il me fût aussi facile de vous prouver que mon respect n'a point de bornes. »

La faculté que Du Guet laisse à Mme de la Fayette de condamner cet écrit montre que c'était en quelque sorte une première consultation qu'elle lui demandait, et qu'elle ne l'avait point encore accepté comme directeur. La lettre elle-même a été publiée sans date, du vivant de Du Guet, quelques vingt ans après la mort de Mme de la Fayette. Mais l'état d'âme qu'on y trouve analysé avec tant de finesse répond si exactement à celui où elle devait être après la mort de la Rochefoucauld qu'on peut la supposer écrite, sinon l'année même de cette mort, du moins bien peu de temps après. En tout cas Mme de la Fayette ne se dégoûta pas de cette leçon par écrit, comme le craignait Du Guet, et il demeura son directeur jusqu'à la fin.

Pendant cet espace de dix à douze ans, et surtout

pendant ce temps de vie cachée où avec ses pénitentes les plus aimées, Mme de Fontpertuis, Mme d'Aguesseau, Du Guet ne correspondait que par écrit, il est impossible que de nouvelles lettres n'aient pas été échangées entre Mme de la Fayette et lui. Mais de ces lettres il ne subsiste point de trace. Cependant, dans les derniers volumes de la correspondance spirituelle de Du Guet qui ont été publiés après sa mort, j'en trouve une dont je serais presque tenté d'affirmer qu'elle est adressée à Mme de la Fayette. A l'*index* général, cette lettre est cataloguée sous la rubrique : *lettre à une dame sur les avantages de la maladie.* Mais la pensée qui inspire Du Guet, et jusqu'aux termes dont il se sert rappellent si bien la pensée et les termes de l'autre lettre, qu'ou je me trompe fort, ou c'est encore à Mme de la Fayette qu'il parle. Il revient sur ces pensées vagues qui occupent son esprit et qu'il proscrivait autrefois, mais, devenu plus indulgent à cause de son état de souffrance, il ne lui demande point de les chasser avec effort si elles sont sur des sujets indifférents, car une tête épuisée par la maladie a besoin de quelque chose qui ne la tende et ne l'applique pas. « Ce sont, ajoute-t-il, comme les estampes dont on permet l'usage aux convalescents. » Mais sur le chapitre de la vie intérieure, il ne s'est en rien relâché de sa sévérité. Il blâme l'envie qu'elle témoigne d'être délivrée de la vie, « car il est utile pendant la santé de désirer la mort, mais dans les souffrances la vertu consiste à supporter la vie ». Puis il continue :

« L'une des plus grandes marques que Dieu vous veut faire de cette miséricorde est la vue distincte qu'il vous donne de vos anciennes fautes, et la manière dont il rapproche de vous des temps éloignés, que l'oubli, la sécurité et une espèce de voile formé par une excessive confiance en votre justice avait placés derrière vous. Tout ce qui n'était plus ressuscite pour ainsi dire, et paraît non seulement réel, mais récent. Tout ce qu'on avait jugé léger, excusé, adouci, se montre sous une idée tout autrement affreuse. Tout ce qu'on a accusé semble ne l'avoir pas été, tant on le voit différent. Ce n'est pas qu'on ait manqué de sincérité en l'accusant, car, s'il fallait le dire de nouveau, on ne le ferait pas avec plus d'exactitude. Mais on voit clairement qu'il manquait à cette accusation un fond de douleur, d'humiliation, de condamnation de soi-même, de haine de son injustice, d'amour de Dieu et de sa sainte loi, de désir de lui satisfaire par le retour sincère de tout le cœur vers lui, de mépris de soi-même et du siècle. On voit, dis-je, et ce qui est bien plus, on sent que tout cela a manqué en un certain degré à la pénitence, et l'on s'afflige amèrement d'avoir connu si tard jusqu'où elle devait aller pour être parfaite. »

Si, comme je n'en doute pas, cette lettre est bien adressée à Mme de la Fayette, la différence d'avec la première montre que la direction de Du Guet n'avait pas été inefficace. Dix années de réflexion et de pénitence auraient levé les *voiles* qu'une excessive confiance en sa justice avait, aux yeux de Mme de la Fayette, jetés sur ses anciennes fautes, c'est-à-dire qu'elle en serait arrivée à considérer comme coupable une liaison dont elle ne se faisait pas scrupule autrefois, et tout ce qu'elle avait jugé léger, excusé, adouci, c'est-à-dire tout ce qui avait fait en réalité le charme de sa vie « se montrait à elle sous une idée tout autrement affreuse ». Ainsi s'expliquerait la dernière phrase de ce billet si souvent cité qu'elle adressait à Mme de Sévigné peu de temps avant sa mort : « Croyez, ma très chère, que vous êtes la personne du monde que j'ai le plus véritablement aimée ». Sans doute elle n'avait pas oublié l'autre affection; mais n'en plus parler à personne, n'en plus convenir, fût-ce avec elle-même, c'était le retranchement suprême et peut-être le dernier sacrifice qu'avait exigé Du Guet.

On voit par les lettres de Mme de Sévigné, et par celles de Mme de la Fayette elle-même, combien furent pénibles ses dernières années. Ses souffrances ne lui laissaient de repos ni jour ni nuit. Parfois elle en devenait comme folle. Mais ce qui la touchait le plus, c'était qu'elle se croyait atteinte dans son esprit : « Je demeurerai toujours, écrivait-elle, une très sotte femme; vous ne sauriez croire comme je suis étonnée de l'être; je n'avais pas idée que je le pusse devenir ». Cependant elle ne se croyait pas atteinte aux sources de la vie, et elle entretenait quelques illusions sur la gravité de son état; c'est ainsi qu'en septembre 1692 elle écrivait à Mme de Sévigné : « Ne vous inquiétez pas de ma santé; mes maux ne sont pas dangereux, et, quand ils le deviendraient, ce ne serait que par une grande langueur, et par un grand desséchement, ce qui n'est pas l'affaire d'un jour. Ainsi, ma belle, soyez en repos sur la vie de votre pauvre amie. Vous aurez le loisir d'être préparée à tout ce qui arrivera, si ce n'est à des accidents imprévus, et à quoi sont sujettes toutes les mortelles, et moi plus qu'une autre, parce que je suis plus mortelle qu'une autre. Une personne en santé me paraît un prodige. » Dans ses lettres à Ménage, où j'ai déjà puisé si souvent, elle ne s'exprime pas avec moins de douceur et de résignation. Le sentiment si naturel qui, vers le déclin de l'âge, nous rend plus chers les souvenirs du passé la rattachait avec vivacité à cette amitié ancienne, et, par un scrupule assurément excessif, elle se reprochait de n'avoir pas toujours apprécié à sa valeur l'attachement que Ménage lui avait témoigné dès sa jeunesse. Deux années avant sa mort, elle s'en excuse auprès de lui avec une bonne grâce touchante : « Que l'on est sotte quand on est jeune! lui écrit-elle. On n'est obligée de rien, et l'on ne connaît pas le prix d'un ami comme vous. Il en coûte cher pour devenir raisonnable. Il en coûte la jeunesse! »

Rendons justice à Ménage. Si, autrefois, il avait pu être tantôt importun et tantôt infidèle, il ne manqua durant ces pénibles années à aucun des devoirs que l'amitié lui imposait. Les lettres de Mme de la Fayette sont remplies de remercîments pour les attentions qu'il lui témoigne, et à aucune époque il ne paraît avoir été plus assidu auprès d'elle. Il fut même sur le point de réveiller sa muse endormie d'un long sommeil, et de chanter à nouveau, en vers français ou latins, la beauté qu'il avait célébrée autrefois sous des noms si divers. Il fallut tout le tact de Mme de la Fayette pour l'en détourner, et tout son esprit pour y parvenir sans le blesser.

« Vous m'appelez *ma divine madame*, mon cher monsieur. Je suis une maigre divinité. Vous me faites trembler de parler de faire mon portrait. Votre amour-propre et le mien pâtiraient, ce me semble, beaucoup. Vous ne pourriez me peindre que telle que j'ai été, car, pour telle que je suis, il n'y aurait pas moyen d'y penser, et il n'y a plus personne en vie qui m'ait vue jeune. L'on ne pourrait croire ce que vous diriez de moi, et en me voyant on le croirait encore moins. Je vous en prie, laissons là cet ouvrage. Le temps en a trop détruit les matériaux. J'ai encore de la taille, des dents et des cheveux, mais je vous assure que je suis une fort vieille femme. Vous avez assez surfait; quand les marchandises sont à la vieille mode, le temps de surfaire est passé. Je suis, en vérité, bien sensible à l'amitié que vous me témoignez. Cette reprise a l'air d'une nouveauté. »

Enfin, la correspondance se termine par cette dernière lettre, que je citerai tout entière, car elle nous fait revivre Mme de la Fayette telle qu'elle était dans ses dernières années, accablée de maux et de tristesses, mais tendre à ses amis, pieuse et résignée.

« Quoique vous me défendiez de vous écrire, je veux néanmoins vous dire combien je suis véritablement touchée de votre amitié. Je la reconnais telle que je l'ai vue autrefois; elle m'est chère par son propre prix, elle m'est chère parce qu'elle m'est unique présentement. Le temps et la vieillesse m'ont ôté tous mes amis; jugez à quel point la vivacité que vous me témoignez me touche sensiblement. Il faut que je vous dise l'état où je suis. Je suis premièrement une divinité mortelle, et à un excès qui ne se peut concevoir; j'ai des obstructions dans les entrailles, des vapeurs tristes qui ne se peuvent représenter; je n'ai plus du tout d'esprit, ni de force; je ne puis plus lire ni m'appliquer. La plus petite chose du monde m'afflige, une mouche me paraît un éléphant. Voilà mon état ordinaire. Depuis quinze jours, j'ai eu plusieurs fois la fièvre, et mon pouls ne s'est point remis à son naturel; j'ai un grand rhume dans la tête, et mes vapeurs, qui n'étaient que périodiques, sont devenues continuelles. Pour m'achever de peindre, j'ai une faiblesse dans les jambes et dans les cuisses, qui m'est venue tout d'un coup, en sorte que je ne saurais presque me lever qu'avec des secours, et je suis d'une maigreur étonnante : voilà, monsieur, l'état de cette personne que vous avez tant célébrée, voilà ce que le temps sait faire. Je ne crois pas pouvoir vivre longtemps en cet état; ma vie est trop désagréable pour en craindre la fin; je me soumets sans peine à la volonté de Dieu; c'est le Tout-Puissant, et de tous côtés il faut enfin venir à lui. L'on m'assure que vous songez fort sérieusement à votre salut, et j'en ai bien de la joie. »

« C'est le Tout-Puissant, et de tous côtés il faut enfin venir à lui. » Du Guet eût été content de cette fin de lettre. Elle me rappelle ce vers d'une épitaphe, que je sais gravée quelque part, en caractères gothiques, sur la tombe d'un vieux baron lorrain :

Dieu seul est Dieu qui aux siens ne fault point.

Mme de la Fayette vivait sur cette espérance. Mais avant sa mort une dernière épreuve l'attendait encore, car elle fut précédée de quelques mois dans la tombe par l'ami fidèle qu'elle croyait devoir lui survivre. Ménage mourut en juillet 1692. « Tout le monde, lui écrivait-elle un jour avec mélancolie, perd la moitié de soi-même avant que d'avoir été rappelé. » Cette moitié, la plus précieuse de nous-même, n'est-ce pas surtout ceux qui nous ont aimés? Quand on l'a perdue, la vie perd du même coup la moitié de son prix, et l'on comprend que Mme de la Fayette souhaita d'être rappelée.

Cette grâce lui fut accordée dans les derniers jours de mai 1693. Aucun redoublement de ses maux n'avait fait pressentir à ceux qui l'aimaient l'approche de sa fin. Peut-être avait-elle reçu cependant quelque secret avertissement, car le jour de la petite Fête-Dieu (nous dirions aujourd'hui l'octave de la fête du Saint-Sacrement) elle se confessa contre son ordinaire, n'ayant coutume de le faire qu'à la Pentecôte, et reçut la communion avec une ferveur toute particulière. Quelques jours après, elle perdit brusquement connaissance, et, malgré les soins empressés dont elle fut entourée, elle mourut entre le 25 et 26 mai sans avoir recouvré ses esprits. Le 3 juin, Mme de Sévigné annonçait sa mort à Mme de Guitaut dans une lettre qu'il faut citer, bien qu'elle se trouve partout, car, après que Mme de Sévigné a parlé, il n'y a plus qu'à se taire :

« Vous ne pouviez rompre le silence, ma chère madame, dans une occasion qui me fût plus sensible. Vous saviez tout le mérite de Mme de la Fayette ou par vous, ou par moi, ou par nos amis; sur cela vous n'en pouviez trop croire : elle était digne d'être de vos amies, et je me trouvais trop heureuse d'être aimée d'elle depuis un temps très considérable. Jamais nous n'avions eu le moindre nuage dans notre amitié. La longue habitude ne m'avait point accoutumée à son mérite : ce goût était toujours vif et nouveau; je lui rendais beaucoup de soins, par le mouvement de mon cœur, sans que la bienséance où l'amitié nous engage y eût aucune part; j'étais assurée aussi que je faisais sa plus tendre consolation, et depuis quarante ans c'était la même chose : cette date est violente, mais elle fonde bien aussi la vérité de notre liaison. Ses infirmités depuis deux ans étaient devenues extrêmes; je la défendais toujours, car on disait qu'elle était folle de ne vouloir point sortir; elle avait une tristesse mortelle : quelle folie encore? N'est-elle pas la plus heureuse femme du monde? Elle en convenait aussi;

mais je disais à ces personnes si précipitées dans leurs jugements : « Mme de la Fayette n'est pas « folle », et je m'en tenais là. Hélas! madame, la pauvre femme n'est présentement que trop justifiée : il a fallu qu'elle soit morte pour faire voir qu'elle avait raison et de ne point sortir, et d'être triste. Elle avait un rein tout consommé, et une pierre dedans, et l'autre pullulant : on ne sort guère en cet état. Elle avait deux polypes dans le cœur, et la pointe du cœur flétrie; n'était-ce pas assez pour avoir ces désolations dont elle se plaignait? Elle avait les boyaux durs et pleins de vents, comme un ballon, et une colique dont elle se plaignait toujours. Voilà l'état de cette pauvre femme, qui disait : « On « trouvera un jour... » tout ce qu'on a trouvé. Ainsi, madame, elle a eu raison après sa mort, et jamais elle n'a été sans cette divine raison, qui était sa qualité principale. »

Et quelques jours après elle ajoutait dans une nouvelle lettre à Mme de Guitaut : « Je m'en fie bien à votre cœur, madame, pour avoir compris mes sentiments sur le sujet de Mme de la Fayette. Vous veniez de perdre une aimable nièce, mais ce n'était point une amitié de toute votre vie, et un commerce continuel et toujours agréable. Je suis dans l'état d'une vie très fade comme vous le dites, n'étant plus animée par le commerce d'une amitié qui en faisait quasi toute l'occupation. »

Que pourrait-on ajouter à ce témoignage? Avoir occupé durant quarante ans un cœur comme celui de

Mme de Sévigné n'est-ce pas le plus touchant des éloges? Sauf quelques froides lignes du journal de Dangeau, et l'article du *Mercure galant* que j'ai cité au début de ce petit volume, aucun mémoire, aucune correspondance du temps ne fait mention de la disparition de Mme de la Fayette. Depuis quelques années elle s'était retirée du monde, et le monde oublie vite ceux qui se sont retirés de lui. On ne sait point où elle a été enterrée, ni entre quelles mains a passé l'hôtel où elle vivait. Détruite est aujourd'hui la grande chambre à coucher, ainsi que le jardin, et le jet d'eau, et le petit cabinet couvert où, en compagnie de Mme de Sévigné et de la Rochefoucauld, elle passait de si douces heures. Son nom même, son nom, dont à la fin du siècle dernier la politique avait rajeuni l'éclat, vient de s'éteindre sans bruit, mais le souvenir demeurera toujours de la femme délicate, spirituelle et tendre qui, joignant un jour l'expérience de son cœur aux rêves de son imagination, en a su tirer la *Princesse de Clèves*.

VI

LES ŒUVRES HISTORIQUES

Il semble que la bibliographie de Mme de la Fayette soit courte, et qu'il y ait peu de chose à en dire : deux romans, deux nouvelles, deux ouvrages d'histoire, en voilà tout le catalogue. Cependant certaines questions d'authenticité et d'attribution ont été soulevées dans ces dernières années, qu'il est devenu nécessaire d'élucider.

Par une singulière mésaventure, qui est peut-être le châtiment d'avoir voulu duper ses contemporains, Mme de la Fayette s'est vu, presque en même temps, attribuer une œuvre médiocre dont jusqu'à présent personne n'avait chargé sa mémoire, et disputer au contraire celle qui jusqu'à présent avait fait sa gloire sans conteste. Parmi les seize mille volumes donnés par l'archevêque de Reims, Le Tellier, à la bibliothèque Sainte-Geneviève, et qui constituent ce qu'on appelle la *Bibliotheca Telleriana*, se trouve un petit livre qui porte pour titre :

Mémoires de Hollande. En 1866, un érudit un peu fantaisiste, M. A.-T. Barbier, a mis la main sur ce livre, et il a découvert en même temps qu'un savant hollandais, Grævius, correspondant littéraire de Huet, avait écrit sur la marge du catalogue de la *Bibliotheca Heinsiana* cette mention relative à l'article des *Mémoires de Hollande* : « C'est un roman, par Mme de la Fayette. » Il n'en a pas fallu davantage à M. A.-T. Barbier pour faire réimprimer les *Mémoires de Hollande* d'après l'édition originale, en ajoutant au titre cette attribution : *Histoire particulière en forme de roman, par la comtesse de la Fayette*, et cela sans s'inquiéter de savoir si cette attribution était fondée ou même plausible. Or, excepté M. A.-T. Barbier, personne n'a jamais cru, que je sache, à cette attribution. Remarquons d'abord que les *Mémoires de Hollande* ont paru en 1678 chez Michallet. Or, la *Princesse de Clèves* a paru, en 1678 également, chez Barbin. Il faudrait donc supposer que Mme de la Fayette, assez indolente au travail (nous l'avons vu par ses lettres à Huet) et qui, suivant sa jolie expression, se baignait dans la paresse, aurait composé deux romans en même temps, et les aurait fait paraître la même année, chez deux éditeurs différents. Ce n'est pas tout. Si les romans de Mme de la Fayette ont paru, tantôt sous le nom de Segrais, comme *Zayde*, tantôt sans nom d'auteur, comme la *Princesse de Clèves*, elle ne se cachait pas vis-à-vis de ses amis intimes, Ménage, Huet, Segrais, de la part qu'elle y avait. Il faudrait donc supposer encore que, tout en travaillant, au su de tous ceux que je viens de nommer, à la *Princesse de Clèves*, elle préparait, mystérieusement et en se cachant d'eux, les *Mémoires de Hollande*. Mais pourquoi tant de manèges ? Pourquoi s'avouer à demi l'auteur d'une œuvre, et prendre tant de soins pour se défendre d'une autre? M. A.-T. Barbier ne s'est point mis en peine d'expliquer toutes ces difficultés. Un Hollandais a attribué en marge d'un catalogue les *Mémoires de Hollande* à Mme de la Fayette. Cela lui a suffi, et il n'en a pas demandé davantage. Pour nous, nous avons le droit d'être plus exigeants, alors surtout qu'il s'agit d'attribuer à Mme de la Fayette une œuvre médiocre et sans agrément, très inférieure non seulement, cela va sans dire, à la *Princesse de Clèves*, mais même à *Zayde*. La lecture de ce petit roman n'est intéressante que parce qu'elle contient une étude sur les mœurs des juifs d'Amsterdam, car c'est dans cette ville, très exactement et minutieusement décrite, que se passent les *Mémoires de Hollande*. Mme de la Fayette n'ayant jamais été à Amsterdam, il y a là une nouvelle impossibilité qui s'ajoute à toutes les autres, et qui suffirait à trancher la question. Dans son *Dictionnaire des anonymes*, M. Barbier, un véritable érudit celui-là, attribue, sur la foi de Leber, les *Mémoires de Hollande* à Sandraz de Courtils. Cela est possible, mais, en tout cas, on peut l'affirmer, Mme de la Fayette n'y est pour rien.

Par contre, ne s'est-on pas avisé dans ces dernières années de contester qu'elle fût l'auteur de la *Prin-*

cesse de Clèves? Inopinément, et alors que l'existence de la correspondance avec Lescheraine dont j'ai si longuement parlé n'était pas encore connue, M. Perrero a publié, dans une revue italienne fort répandue, la *Rassegna settimanale*, une lettre de Mme de la Fayette qu'il est indispensable de reproduire, au moins dans sa plus grande partie. Elle porte la date du 13 avril 1678, qui est l'année même de la publication de la *Princesse de Clèves* :

« Un petit livre qui a couru il y a quinze ans, et où il plut au public de me donner part, a fait qu'on m'en a donné encore à la *Princesse de Clèves*. Mais je vous assure que je n'y en ai aucune, et que M. de la Rochefoucauld, à qui on l'a voulu donner aussi, y en a aussi peu que moi. Il en fait tant de serments qu'il est impossible de ne le pas croire, surtout pour une chose qui peut être avouée sans honte. Pour moi, je suis flattée qu'on me soupçonne, et je crois que j'avouerais le livre si j'étais assurée que l'auteur ne viendrait jamais me le redemander. Je le trouve très agréable, bien écrit, sans être extrêmement châtié, plein de choses d'une délicatesse admirable, et qu'il faut même relire plus d'une fois, et surtout ce que j'y trouve, c'est une parfaite imitation du monde de la cour et de la manière dont on y vit; il n'y a rien de romanesque ni de grimpé; aussi n'est-ce pas un roman, c'est proprement des mémoires, et c'était à ce que l'on m'a dit le titre du livre, mais on l'a changé. Voilà, monsieur, mon jugement sur *Mme de Clèves*; je vous demande aussi le vôtre.

On est partagé sur ce livre-là, à se manger. Les uns en condamnent ce que les autres en admirent. Ainsi, quoi que vous disiez, ne craignez pas d'être seul de votre parti. »

Sans doute qu'en Italie parole de femme est parole d'Évangile, car cette lettre, assurément fort curieuse, suffit selon M. Perrero pour trancher la question. « Ce désaveu de maternité », pour employer son expression, ne lui a inspiré aucun soupçon, et il a proclamé que Mme de la Fayette n'était pour rien dans la *Princesse de Clèves*, laissant aux *lettrés français* le soin de rechercher quel en était le véritable auteur. Mais les lettrés français n'ont point pris la chose ainsi, et ont répondu à M. Perrero, dans la *Revue bleue*, par l'organe de M. Félix Hémon. Par malheur, ils ont fait fausse route dans leur réponse. M. Félix Hémon s'est avisé assez maladroitement de contester d'abord l'authenticité de la lettre, en s'appuyant sur quelques chicanes de texte. Subsidiairement, et en admettant que Mme de la Fayette fût l'auteur de cette lettre, il a cherché à expliquer ce démenti formel par des scrupules de dévotion où elle serait tombée. « Déjà, croyait pouvoir dire M. Hémon, elle ne songeait qu'à se rendre bête, et à s'humilier devant Dieu, en reconnaissant la vanité de cette réputation dont elle avait au reste toujours fui l'éclat. » C'était se tromper de dix ans dans la biographie morale de Mme de la Fayette, et faire beau jeu à M. Perrero, qui n'a pas manqué d'en profiter. Victorieusement d'abord il a démontré l'authenticité de la fameuse lettre en publiant toute la correspondance de Mme de la Fayette avec Lescheraine; puis, à l'aide de cette correspondance, il a établi qu'en 1678, Mme de la Fayette n'était nullement aussi avancée en dévotion que le supposait M. Hémon, et qu'elle demeurait au contraire occupée de choses fort terrestres. Il aurait pu ajouter que c'était une singulière manière de s'humilier devant Dieu que de désavouer la *Princesse de Clèves* après l'avoir publiée quelques mois auparavant, et une étrange forme de scrupules que de donner une aussi forte entorse à la vérité. Aussi M. Perrero prend-il dans sa réplique un ton tout à fait triomphant, et il demeure aujourd'hui probablement convaincu qu'il a, suivant ses propres expressions, « porté le scandale et le trouble dans le camp des lettrés français » en leur démontrant que Mme de la Fayette n'est pour rien dans la *Princesse de Clèves*.

Mes lecteurs n'attendent pas de moi que j'entreprenne de convaincre à mon tour M. Perrero. Lorsque tout un temps, toute une société ont été d'accord pour attribuer une œuvre aussi célèbre à une personne aussi connue, lorsque ses amis les plus intimes sont sur ce point aussi affirmatifs que l'était le public tout entier, lorsque pas un doute n'a jamais été élevé, pas une revendication contraire ne s'est produite, et qu'on ne saurait attribuer cette œuvre à aucun autre avec une ombre de vraisemblance, il y a là un faisceau d'évidences morales contre lesquelles ne saurait prévaloir, quoi? le témoignage de la seule personne qui fût intéressée à ne pas dire sur ce point la vérité. Il n'est pas surprenant qu'au lendemain même de la publication de la *Princesse de Clèves*, Mme de la Fayette n'ait pas voulu convenir de son secret avec Lescheraine, qui n'était après tout qu'un subalterne. Autant aurait valu s'en avouer l'auteur à tout le monde. Quant à la forme qu'elle donne à ce désaveu, je regrette d'enlever à M. Perrero ses illusions sur la véracité des femmes, mais ce qui lui paraît en établir la sincérité est précisément ce qui démontre le contraire. M. Perrero n'admet pas que Mme de la Fayette ait pu parler en termes aussi élogieux de la *Princesse de Clèves*, si elle en était véritablement l'auteur; et le soupçon ne semble pas lui être venu que, de la part de Mme de la Fayette, c'était peut-être un redoublement d'habileté. Mal parler d'un roman dont à Paris on faisait si fort l'éloge eût été un artifice trop grossier, que Lescheraine aurait pu percer à jour; s'en exprimer favorablement était au contraire d'une diplomatie beaucoup plus raffinée et vraiment féminine. Mais où se trahit assez la préoccupation d'auteur, c'est dans le désir qu'elle éprouve de connaître le jugement de Lescheraine; pour se bien assurer de la sincérité de ce jugement, elle prend soin de lui mander « qu'on se mange à Paris à propos de ce volume, et que, de quelque parti qu'il soit, il ne manquera pas de gens pour être de son avis ». S'il n'y avait une foule de raisons pour ne pas prendre au sérieux ce désaveu de Mme de la

Fayette, ce trait suffirait à lui seul pour montrer comment il faut entendre cette lettre. Permis à M. Perrero de conserver, s'il y tient, sa conviction personnelle. Mais, en France, nous ne consentirons pas davantage à rayer la *Princesse de Clèves* du catalogue des œuvres de Mme de La Fayette sur la foi d'un Italien, que nous n'accepterons d'y inscrire les *Mémoires de Hollande* sur la foi d'un Hollandais.

Ces deux questions éclaircies, je n'aurais plus qu'à parler des romans de Mme de la Fayette, si je ne préférais garder ce plaisir pour la fin et si je ne croyais devoir tout d'abord dire un mot de ses deux ouvrages historiques : la *Vie d'Henriette d'Angleterre* et les *Mémoires de la cour de France*. De ces deux ouvrages, le premier est tout simplement un petit chef-d'œuvre. Il ne faudrait pas en prendre le titre trop au pied de la lettre, ni croire qu'on trouvera dans ce délicieux volume une biographie complète d'Henriette d'Angleterre. De cette vie, si prématurément tranchée et cependant si remplie, il y a toute une partie dont, soit défaut d'informations, soit propos délibéré, Mme de la Fayette ne parle pas ou parle à peine : c'est le rôle que Madame a joué comme intermédiaire entre Louis XIV et son frère Charles II, et la part qu'elle a prise aux négociations qui se terminèrent par l'entrevue et le traité de Douvres, brillant et dernier épisode de cette existence si courte. Mme de la Fayette ne nous raconte que son histoire de cœur, et sa mort. Encore cette histoire n'est elle-même pas complète, puisque le premier fragment s'arrête à 1665. On sait, par Mme de la Fayette elle-même, quelle fut l'origine de l'entreprise. Ce fut Madame qui en eut l'idée. Un jour qu'elle contait à Mme de la Fayette quelques circonstances de la passion que le comte de Guiche avait eue pour elle, et qui venait de déterminer l'exil du comte, elle lui dit : « Ne trouvez-vous pas que si tout ce qui m'est arrivé, et les choses qui y ont relation était écrit, cela composerait une jolie histoire »; et elle ajouta, faisant allusion à la *Princesse de Montpensier* qui avait paru trois ans auparavant : « Vous écrivez bien; écrivez, je vous fournirai de bons mémoires ». Mme de la Fayette se mit à l'œuvre. On était à Saint-Cloud, où Madame venait de faire ses couches. Mme de la Fayette lui montrait chaque matin ce qu'elle avait écrit, d'après ce que Madame lui avait raconté le soir. « C'était, ajoute Mme de la Fayette, un ouvrage assez difficile que de tourner la vérité en certains endroits d'une manière qui la fit connaître. Elle badinait avec moi sur les endroits qui me donnaient le plus de peine, et elle prit tant de goût à ce que j'écrivais que, pendant un voyage de deux jours que je fis à Paris, elle écrivit elle-même ce que j'ai marqué pour être de sa main. » Cette singulière collaboration dont l'exemple est, je crois, unique, aurait probablement continué jusqu'au bout; et après l'aventure avec Guiche et Vardes, nous aurions eu celle avec Monmouth, lorsque survint la catastrophe du 10 juin 1670. « Je sentis, dit Mme de la Fayette, tout ce qu'on peut sentir de plus douloureux en voyant expirer la plus aimable princesse qui fut jamais, et qui m'avait honorée de ses bonnes grâces. Cette perte est de celles dont on ne se console jamais, et qui laissent une amertume répandue dans tout le reste de la vie. » Mme de la Fayette renonça en effet, au lendemain de la mort de Madame, à poursuivre le récit qu'elle avait entrepris, et elle ne devait reprendre la plume que plusieurs années après, pour raconter ses derniers moments dont elle fut témoin. Cette biographie incomplète n'en est pas moins une œuvre achevée. Mme de la Fayette y déploie à la fois l'art de l'histoire et l'art du roman. Le récit est simple, aisé, d'une ordonnance habile et d'une intelligence facile; mais en même temps elle y fait déjà montre de ces dons rares d'analyse et d'observation qu'elle devait déployer plus tard dans la *Princesse de Clèves*. Je ne crois pas qu'il soit possible de pousser plus loin l'art de peindre les nuances du sentiment que dans cette explication des sentiments réciproques de Madame et de Louis XIV. Pour en bien comprendre la finesse, il faut se rappeler qu'à l'âge de quinze ans Madame avait rêvé d'épouser le roi, et qu'elle en avait été dédaignée.

« Après quelque séjour à Paris, Monsieur et Madame s'en allèrent à Fontainebleau. Madame y porta la joie et les plaisirs. Le roi connut, en la voyant de plus près, combien il avait été injuste en ne la trouvant pas la plus belle personne du monde. Il s'attacha fort à elle, et lui témoigna une complaisance extrême. Elle disposait de toutes les parties de divertissement; elles se faisaient toutes pour elle, et il paraissait que le roi n'y avait de plaisir que par celui qu'elle en recevait.... Madame fut occupée de la joie d'avoir ramené le roi à elle, et de savoir par lui-même que la reine mère tâchait de l'en éloigner. Toutes ces choses la détournèrent tellement des mesures qu'on voulait lui faire prendre que même elle n'en garda plus aucune, et ne pensa plus qu'à plaire au roi comme belle-sœur. Je crois qu'elle lui plut d'une autre manière; je crois aussi qu'elle pensa qu'il ne lui plaisait que comme un beau-frère, quoiqu'il lui plût peut-être davantage : mais enfin, comme ils étaient tous deux infiniment aimables, et tous deux nés avec des dispositions galantes, qu'ils se voyaient tous les jours au milieu des plaisirs et des divertissements, il parut bientôt à tout le monde qu'ils avaient l'un pour l'autre cet agrément qui précède d'ordinaire les grandes passions. »

Et quelques pages plus loin :

« Madame vit avec chagrin que le roi s'attachait véritablement à la Vallière. Ce n'est peut-être pas qu'elle en eut ce qu'on peut appeler de la jalousie, mais elle eût été bien aise qu'il n'eût pas eu de véritable passion, et qu'il eût conservé pour elle une sorte d'attachement qui, sans avoir la violence de l'amour, en eût eu la complaisance et l'agrément. »

Impossible d'expliquer d'une façon plus délicate une situation plus scabreuse. Quand on pense qu'il ne s'agit pas d'une biographie ordinaire composée après coup, mais qu'au contraire ce passage, écrit le soir, a fort bien pu être montré à Madame le lendemain matin, on s'étonne de la hardiesse et de l'étrangeté des confidences que la princesse faisait à son amie. Les lecteurs de la *Vie de Madame* auraient tort cependant de prendre au sens que nous leur attribuerions aujourd'hui certaines expressions dont Mme de la Fayette se sert couramment en parlant de son héroïne. J'introduirai ici une observation empruntée à la notice aimable et érudite que M. Anatole France a mise en tête de l'édition de la *Vie de Madame*, publiée par lui, en 1882, chez Charavay, édition définitive qui laisse bien loin derrière elle toutes les autres : « c'est qu'il y a beaucoup d'expressions qui sont d'un usage courant dans la langue du xviii® siècle et dans la nôtre, mais que le xvii® entendait d'une façon toute différente et beaucoup plus délicate. » Ainsi quand le vieux Corneille disait :

On peut changer d'amant, mais non changer d'époux,

il entendait certainement le mot *amant* au sens grammatical, *amans*, celui qui aime, et sa pensée n'allait pas plus loin. Ainsi quand Mme de la Fayette dit : « Madame était née avec des dispositions galantes », elle n'attache pas à ce mot le sens déshonorant que nous y attachons lorsqu'il s'agit d'une femme; mais elle l'entend comme l'entendait Furetière, lorsque, dans son *Dictionnaire*, il définissait la galanterie : « une manière polie, enjouée et agréable de faire ou de dire les choses », ou encore Saint-Évremond lorsqu'il disait : « L'air galant est ce qui achève les honnêtes gens et les rend aimables ». Si je fais cette remarque, c'est que je ne voudrais pas laisser subsister chez les lecteurs du petit volume de Mme de la Fayette quelque impression défavorable à cette charmante Madame. Comme M. France, je ne crois pas qu'elle se soit rendue coupable d'autre chose que d'imprudence et d'étourderie, elle cependant si avisée et si secrète lorsqu'il s'agissait des affaires de l'État, et je tiens pour véridiques ces paroles si touchantes qu'elle prononçait en embrassant son mari, quelques heures avant sa mort : « Hélas, monsieur, vous ne m'aimez plus il y a longtemps; mais cela est injuste; je ne vous ai jamais manqué », à la condition toutefois de ne pas se montrer trop exigeant sur le sens du mot *manquer*.

Ce récit des derniers moments de Madame est le morceau capital du livre. Mme de la Fayette ne l'écrivit point sous le coup de la première émotion (elle n'était point femme à faire de la littérature avec sa douleur), mais au contraire quinze ans plus tard, quatre ans après la mort de la Rochefoucauld, alors que déjà sur le déclin de l'âge, et dépouillée par la vie de ce qu'elle avait le plus aimé, ses regards et ses pensées se tournaient en arrière vers les affections de sa jeunesse. Et cependant on croirait que cette mort est de la veille, tant celle qui la raconte en semble encore émue. Ce récit est un chef-d'œuvre de simplicité et de pathétique, dont la familiarité fait encore ressortir la vérité et l'émotion. « Dans cette relation, dit excellemment M. France, les paroles sont en harmonie avec les choses ; il faut l'avoir lue pour savoir tout ce que vaut la simplicité dans une âme ornée. » Aux amateurs de comparaisons littéraires, et ces comparaisons sont, quoi qu'on en dise, utiles, car elles forment le goût, je conseillerai de lire le récit de cette même mort dans la Vie de Mme de la Fayette et dans l'oraison funèbre de Bossuet. Le point de vue, cela va de soi, est différent Mme de la Fayette ne se propose que de rendre Madame intéressante, et de nous attendrir sur elle ; ou plutôt elle ne se propose rien du tout. Elle conte tout uniment ce qu'elle a vu, ne reculant pas devant certains détails presque malpropres, lorsque ces détails peuvent nous faire paraître Madame plus touchante. Bossuet au contraire veut instruire et édifier : il veut frapper les imaginations et montrer « que s'il faut des coups de surprise à nos cœurs enchantés de l'amour du monde, celui-ci est assez grand et assez terrible ». Mais cette différence même des points de vue rend plus instructif encore de rechercher comment les moindres traits rapportés par Mme de la Fayette sont repris et transformés par Bossuet. Ainsi Mme de la Fayette rapporte que, Bossuet étant assis à son chevet, « Madame dit en anglais à sa femme de chambre, conservant jusqu'à la mort la politesse de son esprit : « Donnez à M. de « Condom, lorsque je serai morte, l'émeraude que « j'avais fait faire pour lui. » Écoutons maintenant Bossuet. « Cet art de donner agréablement qu'elle avait si bien pratiqué pendant sa vie, l'a suivie, je le sais, jusque dans les bras de la mort. » On assure même qu'il répondit ainsi et d'improvisation à une sorte de défi qui lui avait été porté, au moment où il montait en chaire, de faire allusion dans son oraison funèbre à ce trait si touchant et si délicat. Mme de la Fayette raconte ensuite que, Monsieur s'étant retiré, elle demanda si elle ne le verrait plus. « On l'alla querir; il vint l'embrasser en pleurant. Elle le pria de se retirer, et lui dit qu'il l'attendrissait. » « Madame, s'écrie Bossuet, ne peut plus résister aux larmes qu'elle lui voit répandre. Invincible par tout autre endroit, ici elle est contrainte de céder. Elle prie Monsieur de se retirer, parce qu'elle ne veut plus sentir de tendresse que pour ce Dieu crucifié qui lui tend les bras. » « M. de Condom se rapprocha, dit Mme de la Fayette, et lui donna le crucifix; elle le prit et l'embrassa avec ardeur. M. de Condom lui parlait toujours, et elle lui répondait avec le même jugement que si elle n'eût pas été malade, tenant toujours le crucifix attaché sur sa bouche; la mort seule le lui fit abandonner. Les forces lui manquèrent; elle le laissa tomber, et perdit la parole et la vie quasi en même temps. » Comment Bossuet va-t-il nous rendre cette scène muette? « Elle a en mourant aimé le seigneur Jésus. Les bras lui ont manqué plutôt que l'ardeur d'embrasser la croix. J'ai vu ses mains défaillantes chercher encore en tombant de nouvelles forces pour appliquer sur ses lèvres ce signe bienheureux de notre rédemption : n'est-ce pas mourir entre les bras et dans le baiser du Sauveur ? » Encore une fois, qu'on relise ces deux récits et l'on verra que Mme de la Fayette ne perd rien à cette comparaison redoutable. Bossuet a de plus qu'elle l'éclat de la forme et la profondeur de la pensée, en un mot ce qui fait le génie ; mais elle a de plus que lui le don des larmes.

Il s'en faut que les *Mémoires de la cour de France pour les années 1688 et 1689* aient l'intérêt de la vie d'Henriette d'Angleterre. Mme de la Fayette ne fait qu'y rapporter d'une façon assez brève des événements récents sur lesquels elle n'est en mesure de fournir aucuns détails particuliers. Elle vivait fort en dehors des choses extérieures, retenue au logis par sa santé de plus en plus débile et ne savait de ce qui se passait à la cour que ce qu'elle en pouvait entendre dire. Tout porte à croire au reste que ces mémoires sont, comme l'assure la préface de la première édition publiée en 1731, tout ce qui reste d'un travail beaucoup plus étendu. On ne voit pas en effet pourquoi Mme de la Fayette aurait choisi de préférence ces deux années. Le titre même de l'ouvrage est assez trompeur, car ce ne sont pas à proprement parler des mémoires de la cour, mais tout simplement des mémoires historiques où les principaux événements de ces deux années 1688 et 1689, guerres, sièges, révolutions ou simples promotions au cordon bleu, sont rapportés sans grands commentaires. Cependant la lecture de ces *Mémoires*, dont M. Asse vient de faire paraître récemment une édition très soignée (avec quelques erreurs toutefois dans la notice biographique), n'est pas sans agrément. On y retrouve le tour aisé de Mme de la Fayette, et sa manière mesurée de dire les choses, les donnant à entendre plutôt que les énonçant formellement. On y retrouve également la rectitude de son jugement et son goût pour la vérité. Louis XIV n'est plus à cette époque le souverain galant et de bonne mine au-devant duquel se précipitaient tous les cœurs, et qui, entre deux ballets, allait conquérir la Franche-Comté ou envahir la Hollande. Déjà le prestige était atteint. Tout haut on lui adressait encore des flatteries; mais tout bas on s'enhardissait à le juger, et le monstrueux égoïsme qui ternit à nos yeux ses hautes qualités de souverain commençait à trouver des censeurs sévères. On en jugera par ce début des *Mémoires* :

« La France était dans une tranquillité parfaite; l'on n'y connaissait plus d'autres armes que les instruments nécessaires pour remuer les terres et pour bâtir. On employait les troupes à cet usage, non seulement avec l'intention des anciens Romains qui n'était que de les tirer d'une oisiveté aussi mauvaise pour elles que le serait l'excès du travail; mais le but aussi était de faire aller la rivière d'Eure contre son gré, pour rendre les fontaines de Versailles continuelles. On employait les troupes à ces prodigieux desseins pour avancer de quelques années les plaisirs du roi. »

Le blâme est sous chaque mot, mais l'expression

en est discrète et tempérée ailleurs par de justes éloges. Après avoir énuméré toutes les difficultés avec lesquelles Louis XIV était aux prises : « il ne fallait pas, ajoute-t-elle, une moindre grandeur d'âme et une moindre puissance que la sienne pour ne pas se laisser accabler ». Louis XIV est ainsi peint, par ses meilleurs côtés, en deux traits que la postérité a ratifiés. Ailleurs encore on retrouve ce sens juste et cet amour du vrai qui sont chez Mme de la Fayette les qualités maîtresses de l'esprit, et au service desquels elle sait mettre une expression toujours aussi nuancée qu'heureuse. J'aime à faire remarquer qu'on ne trouve pas sous sa plume une seule expression dont on puisse conclure qu'elle donnât son approbation aux traitements dont les huguenots étaient alors l'objet. Elle parle au contraire « des nouveaux convertis qui gémissaient sous le poids de la force, et qui n'avaient ni le courage de quitter le royaume, ni la volonté d'être catholiques », et ces conversions forcées ne semblent pas davantage avoir son approbation que les travaux entrepris pour mener l'Eure contre son gré à Versailles. Ce n'est pas la seule preuve qu'elle donne de sa liberté d'esprit, et elle ne parle pas avec moins d'indépendance du pape que du roi.

« On ne peut pas dire que le pape ne soit pas homme de bien, dit-elle en parlant d'Innocent XI, et que dans les commencements il n'ait pas eu des intentions très droites ; mais il s'est bien écarté de cette voie d'équité et de justice que doit avoir un bon père pour ses enfants.... On peut soutenir le parti qu'il a pris dans l'affaire des franchises, et il est excusable d'avoir été offensé contre les ministres de France sur tout ce qui s'est passé dans les assemblées du clergé, car c'est son autorité qui est la chose dont l'humanité est le plus jalouse qu'on attaque, et quand l'humanité n'y aurait point de part et qu'un pape s'en serait défait en montant sur le trône de saint Pierre, ce serait l'Église et ses droits qu'il défendrait; mais un endroit où le pape n'est pas pardonnable ni même excusable, c'est la manière dont il s'est comporté dans l'affaire de Cologne. »

La sincérité même de sa dévotion fait qu'elle n'est pas dupe de celle qu'on protège à la cour, depuis le règne de Mme de Maintenon. Elle n'en parle que sur un ton sarcastique : « Cet endroit, dit-elle à propos de Saint-Cyr, qui maintenant que nous sommes dévots est le séjour de la vertu et de la piété, pourra, quelque jour, sans percer dans un profond avenir, être celui de la débauche et de l'impiété; car de songer que trois cents jeunes filles qui y demeurent jusqu'à vingt ans, et qui ont à leur porte une cour remplie de gens éveillés, surtout quand l'autorité du roi n'y sera plus mêlée, de croire, dis-je, que de jeunes filles et de jeunes hommes soient si près les uns des autres sans sauter les murailles, cela n'est presque pas raisonnable ». Et dans un autre endroit : « Mme de Maintenon ordonna à Racine de faire une comédie mais de choisir un sujet pieux, car, à l'heure qu'il est, hors de la piété, point de salut à la cour....

La comédie représentait en quelque sorte la chute de Mme de Montespan et l'élévation de Mme de Maintenon ; toute la différence fut qu'Esther était un peu plus jeune et un peu moins précieuse en fait de piété. » Le trait porte assez juste, et il semble que Mme de la Fayette profite de cette occasion pour satisfaire quelque ancienne rancune. Cependant elles avaient été amies autrefois, au temps où Mme de Maintenon n'était encore que la veuve Scarron. Elles vivaient même assez familièrement ensemble pour que, dans cette petite coterie où Mme de la Fayette était le *brouillard*, Mme Scarron eût aussi son surnom : on l'appelait le *dégel*. Mais le *dégel* et le *brouillard* avaient cessé de faire bon ménage. « Je n'ai pu conserver l'amitié de Mme de la Fayette, dit Mme de Maintenon dans sa correspondance ; elle en mettait la continuation à trop haut prix. Je lui ai montré du moins que j'étais aussi sincère qu'elle. » Quelle fut la cause de leur brouille? Il est probable que Mme de la Fayette, fort liée avec Mme de Thianges, sœur de Mme de Montespan, et avec Mme de Montespan elle-même, dont elle recevait des marques d'amitié, se rangea du côté de cette dernière dans la querelle qui éclata entre la maîtresse du roi et l'institutrice de ses enfants. Le rôle équivoque que Mme Scarron joua dans toute cette affaire ne pouvait convenir à la droiture de Mme de la Fayette, et je redirai ce que j'ai dit à propos de Mme de Grignan : ce n'est pas à Mme de la Fayette que la brouille fait du tort.

VII

LES ROMANS

« LA PRINCESSE DE MONTPENSIER » ET « ZAYDE »

C'est assez et même trop tarder à parler des romans de Mme de la Fayette. Il est temps de montrer maintenant par quelles gradations successives elle s'est élevée de la nouvelle agréable jusqu'au chef-d'œuvre.

Comment entre vingt-cinq et trente ans, c'est-à-dire à l'âge où les femmes sentent plus qu'elles n'observent, et sont plus préoccupées d'amour que de belles-lettres, l'idée d'écrire vint-elle à Mme de la Fayette? On ne se la figure pas tourmentée de ce démon bavard qui devait dicter à Sapho les dix volumes du *Grand Cyrus* et de *Clélie*. Encore moins fut-elle soulevée par ce souffle de passion irrésistible qui inspirait à George Sand *Valentine* après *Indiana*, et *Lélia* après *Valentine*. Ce fut, je m'imagine, par un tout autre chemin qu'elle en arriva, avec toute sorte de précautions et de réticences, à se produire devant le public. La mode était alors aux portraits.

Tantôt, comme la Rochefoucauld, on écrivait le sien; tantôt on s'appliquait à celui d'un ami, ou plus généralement d'une amie. Plusieurs personnes s'entendaient pour faire le portrait les unes des autres. On donnait lecture de ces portraits dans quelque réduit, ou bien ils couraient manuscrits. Parfois on les rassemblait, et ce qui n'avait été d'abord qu'un jeu de société devenait un ouvrage offert au public. Ainsi fit Mademoiselle, la Grande Mademoiselle (et cela bien avant qu'elle ne laissât paraître la *Princesse de Paphlagonie*), pour le recueil de *Divers Portraits* que Segrais publia par ses ordres, en 1659, et dont plus de quarante étaient de sa main. Ce fut à cette occasion que Mme de la Fayette traça le portrait de Mme de Sévigné dont j'ai parlé. Ce portrait eut du succès. Encouragée, Mme de la Fayette en écrivit peut-être d'autres qui ne nous seraient pas parvenus, et l'envie dut naturellement lui venir de mettre à profit ce don de peindre les personnes et les caractères qu'on semblait lui reconnaître. Mais un autre sentiment dut lui mettre également la plume à la main. Ce fut la réaction de son bon goût et de sa sobriété contre le langage ampoulé que les romans d'alors prêtaient aux amants, et contre la longueur des développements donnés à leurs aventures. Dans l'histoire du roman français, ce ne serait pas en effet faire une place suffisante à Mme de la Fayette que de ne pas reconnaître qu'elle a inauguré un art nouveau. Mais pour lui mieux marquer cette place, il est nécessaire d'indiquer en traits rapides à quel point en était la littérature romanesque au moment où Mme de la Fayette prit pour la première fois la plume, et quelle part lui revient dans les transformations que cette littérature a subies.

Durant les dernières années de Louis XIII et la minorité de Louis XIV, on peut dire qu'en fait de romans le goût public se partageait, bien que très inégalement, entre deux genres de productions très différentes. Au commencement du siècle, d'Urfé, par son *Astrée*, avait mis à la mode le roman à développements interminables, coupé d'un nombre infini d'histoires épisodiques, qui interrompaient la marche du récit. Pas plus dans ces épisodes que dans le récit principal, il n'était tenu grand compte de la vraisemblance dans les événements, ou même dans les sentiments prêtés aux personnages qui tous, quelle que soit leur condition, bergers ou chevaliers, bergères ou châtelaines, expriment à peu près les mêmes passions dans le même langage. Cependant par l'élévation des sentiments, par la délicatesse de la langue, par je ne sais quel charme dans l'invention et dans l'expression, l'*Astrée* savait conquérir et mérite encore aujourd'hui de garder des lecteurs. Aussi toute une génération s'en était-elle délectée. Saint François de Sales l'admirait; Bossuet, à ses débuts, en avait subi l'influence littéraire. La Fontaine, qui l'avait lue étant petit garçon, la relisait ayant la barbe grise, et Boileau ne se défendait pas d'y avoir trouvé du charme. Naturellement d'Urfé avait eu des disciples, aussi peu soucieux que lui de la vraisemblance morale ou matérielle, et encore plus prolixes. Le *Polexandre* de Gomberville avait dix volumes; la *Cléopâtre* de La Calprenède douze, ce qui n'empêchait pas Mme de Sévigné de s'y prendre *comme à la glu* : « La beauté des sentiments, disait-elle, la violence des passions, la grandeur des événements et le succès miraculeux de leurs redoutables épées, tout cela m'entraîne comme une petite fille ». Mais la véritable héritière des traditions et des succès de l'*Astrée* fut Madeleine de Scudéry. Toute une génération de femmes s'était nourrie de ses œuvres, depuis 1649, date de la publication du premier des dix volumes du *Grand Cyrus*, jusqu'à 1660, date de la publication du dernier des dix volumes de *Clélie*, et Mme de Sévigné, Mme de la Fayette elle-même se complaisaient à étudier la carte du *pays de Tendre*.

Le roman d'aventures, sans aucune prétention à la vérité dans la peinture des mœurs, tel était donc le genre à la mode, celui qui plaisait au plus grand nombre, et qui, pendant quelques années, avait fait fureur, puisqu'aux héros de ces romans on allait jusqu'à emprunter leurs noms, comme ces quarante-huit princes ou princesses composant en Allemagne l'*Académie des vrais amants*, qui portaient tous des noms de l'*Astrée*, ou comme les précieuses cataloguées par Somaize, qui tiraient pour la plupart les leurs du *Grand Cyrus* ou de *Clélie*.

Cependant, contre ce genre artificiel, il y avait réaction sourde, au nom du vieil esprit gaulois, de l'esprit de Montaigne ou même de Rabelais. A toutes les époques de notre histoire littéraire on peut ainsi constater, à côté du grand courant qui entraîne toute une génération, une sorte de contre-courant, coulant en sens inverse, sur lequel s'embarquent les esprits indépendants. De nos jours où le goût de la reproduction brutale semble triompher dans la littérature romanesque ou théâtrale, on peut signaler aussi dans certaines œuvres la tendance à un idéalisme presque excessif, qui s'exprime par symboles et tournerait volontiers au mysticisme. Ainsi, mais en sens opposé au xviie siècle, la réaction contre le faux idéal littéraire et romanesque, où se complaisaient les précieuses, se traduisait en des œuvres inspirées par un esprit tout différent de retour à la nature et à la vérité. Parfois cette réaction prenait la forme de la parodie, comme dans *le Berger extravagant* de Charles Sorel, dont le titre exact est : *le Berger extravagant, où, parmi des fantaisies amoureuses, on voit les impertinences des romans et de la poésie*. Parfois, au contraire, elle prenait la forme d'un assez grossier réalisme, comme dans le *Francion* du même auteur, Francion, « frère aîné de *Gil Blas* et de *Figaro*, dit avec raison M. André Lebreton dans son très intéressant ouvrage sur *le Roman au XVIIe siècle*, qui nous promène d'aventures en aventures dans le monde des écoliers, des robins, des paysans, et aussi dans celui des spadassins et des tire-laine. » Voilà une société bien différente de celle du *Grand Cyrus*. Il faut cependant que ces peintures répondissent à certaines curiosités, pour que la *Vraie Histoire comique de Francion* ait eu, à en croire du moins Sorel, jusqu'à soixante éditions tant à Paris qu'en province et qu'elle ait été traduite en anglais et en allemand. Mais de toutes les œuvres tirées de ce qu'on pourrait appeler la veine naturaliste au xviie siècle, celle qui demeure la plus célèbre, et qui, de nos jours, trouve encore des lecteurs, c'est le *Roman bourgeois* de Furetière. Le *Roman bourgeois* est presque contemporain de *Zayde*, puisqu'il est de 1666, tandis que *Francion* a paru quelque quarante ans auparavant, en 1622. « Je vous raconterai directement et avec fidélité, dit Furetière à la première page du livre, plusieurs historiettes ou galanteries arrivées entre des personnes qui ne seront ni des héros ni des héroïnes, qui ne dresseront point d'armée, ni ne renverseront point de royaumes, mais qui seront de ces bonnes gens, de médiocre condition, qui vont tout doucement leur grand chemin, dont les uns seront beaux, les autres laids, les uns sages et les autres sots, et ceux-ci ont bien la mine de composer le plus grand nombre. » On sent l'épigramme, qui est manifestement dirigée contre les romans de Mlle de Scudéry, et ce sont en effet les mœurs de la plus petite bourgeoisie que Furetière nous peint, puisque son héroïne, qui s'appelle Javotte, est la fille d'un procureur, et son héros, qui s'appelle Nicodème, un avocat de bas étage. Le roman ne se passe pas au Marais, mais aux alentours de la place Maubert, et c'est dans ce milieu du Paris populaire que Furetière nous conduit, non sans nous faire assister à quelques malpropretés. Beaucoup moins répandu que le *Francion* de Sorel, puisqu'il n'eut que trois éditions, le *Roman bourgeois* est beaucoup plus connu aujourd'hui, grâce à deux éditions récentes, et il mérite de vivre comme document curieux sur un monde peu connu et comme témoignage d'une littérature oubliée.

Ainsi romans d'aventures extraordinaires, et romans de mœurs bourgeoises ou populaires, mettant en scène, les uns des bergers du temps de Mérovée ou des héros de la Perse et de Rome, les autres des procureurs, des spadassins et des escrocs : voilà ce qu'offrait la littérature romanesque aux contemporains de Mme de Sévigné. Mais ce qui n'était peint dans aucun roman, c'étaient les mœurs des honnêtes gens, de ces honnêtes gens dont Molière disait : « C'est une étrange entreprise de les faire rire », et qu'il allait si admirablement faire parler en vers dans le *Misanthrope* ou dans certaines scènes des *Femmes savantes*. Dans le roman ils n'avaient encore parlé nulle part, avant que Mme de la Fayette eût pris la plume. C'est avec elle, on peut le dire, qu'ils sont nés à la vie romanesque. Je sais bien que dans les romans de Mlle Scudéry on peut retrouver, sous le déguisement de l'antiquité, quelques-uns des plus illustres personnages de son temps. M. Cousin a mené grand tapage, il y a quelques années, d'une clef des romans de Mlle de Scudéry qu'il avait découverte dans les manuscrits de la bibliothèque de l'Arsenal, et qui lui a permis de retrouver Mme de Longueville sous les traits de Mandane, et le duc d'Enghien sous ceux de Cyrus. La découverte était curieuse en effet, bien qu'on sût déjà par Boileau et par Tallemant des Réaux que les personnages de la société où vivait Mlle de Scudéry cherchaient à se reconnaître dans les héros de ses romans, qu'ils étaient flattés de s'y retrouver, et que c'était une sorte de jeu de société de deviner quels étaient parmi les seigneurs ou les dames de la cour ceux qu'elle avait voulu peindre. Mais si les romans de Mlle de Scudéry contiennent en effet quelques portraits plus ou moins ressemblants, où le désir de plaire à ses modèles l'emporte peut-être sur le souci de la fidélité, l'auteur ne se pique point d'exactitude ni même de vraisemblance dans les sentiments et dans les mœurs qu'elle leur prête. Le langage qu'elle leur fait tenir est de pure convention : il n'est d'aucun temps et d'aucun pays, et ne ressemble pas plus à celui des courtisans de Louis XIII et d'Anne d'Autriche qu'à celui de Cyrus ou de Clélie en personne. C'est tout le contraire pour les romans de Mme de la Fayette. Ce ne sont point des romans à clef. Aucun personnage du temps n'a cherché à s'y reconnaître, et cependant c'est eux qu'elle a voulu peindre. Si elle les met de préférence dans le cadre de la cour de Henri II, c'est que la hardiesse eût été trop forte de décrire la cour même de Louis XIV; mais ce qu'elle a entendu reproduire c'est bien ce qu'elle voyait autour d'elle. Les aventures qu'elle prête à ses héros et à ses héroïnes sont bien (à l'exception de *Zayde* et je dirai pourquoi tout à l'heure) celles de la vie du monde et des cours. Le langage qu'elle leur fait tenir est bien celui qu'ils avaient coutume de parler, transposé comme il convient pour satisfaire aux lois de l'art, mais ne dépassant pas cependant le ton de la conversation naturelle. Du reste Mme de la Fayette elle-même a défini, en termes d'une justesse parfaite, le caractère de ses propres œuvres lorsque, parlant de la *Princesse de Clèves*, elle dit à Lescheraine dans la lettre que j'ai citée tout à l'heure : « Ce que j'y trouve, c'est une parfaite imitation du monde de la cour et de la manière dont on y vit », et lorsqu'elle ajoute : « Il n'y a rien de romanesque ni de grimpé ». Une parfaite imitation du monde de la cour, c'est bien là en effet ce que la première elle s'est proposé de nous donner. Rien de romanesque ni de grimpé, c'est bien le caractère propre, en tout temps, aux hommes et aux femmes qui vivent dans un certain milieu raffiné. Aussi n'est-ce pas exagération de dire que dans notre littérature elle a créé un genre : celui du roman d'observation et de sentiment. Sa gloire, ou, si l'on trouve le mot trop ambitieux, son titre est d'avoir été le premier peintre des mœurs élégantes, et je ne sais guère, pour une femme surtout, de plus bel éloge. Et c'est pour cela, tandis que tant d'autres œuvres ont passé, que la sienne reste éternelle.

En ce genre nouveau son premier essai fut la *Princesse de Montpensier*. De cette petite nouvelle Mme de la Fayette ne devait point s'avouer publiquement l'auteur, pas plus au reste que des autres romans qu'elle publia par la suite. Mais l'œuvre est bien sienne cependant, et si jamais il y avait eu quelque doute sur ce point, ses lettres à Ménage que j'ai eues entre les mains suffiraient à le dissiper. Ménage paraît, en effet, avoir été son confident et peut-être son intermédiaire auprès du libraire Barbin, qui publia la *Princesse de Montpensier* en 1662. C'est à lui qu'elle s'adresse pour obtenir de Barbin *dix beaux exemplaires bien reliés*. Mais je ne crois pas qu'elle lui ait demandé des conseils comme elle en devait demander plus tard à Segrais et peut-être à la Rochefoucauld. Elle avait trop de goût pour ne pas se défier de celui de Ménage, et si le bonhomme avait eu quelque part à l'œuvre, sa lourde touche s'y reconnaîtrait.

Mme de la Fayette a placé l'action de la *Princesse de Montpensier* sous le règne de l'un des derniers Valois. C'était, avec le dessein qu'elle se proposait de peindre en réalité les mœurs de son temps, l'époque la plus rapprochée que la bienséance lui permit de choisir, et c'était aussi celle qui était la plus semblable aux premières années du règne de Louis XIV, car il ne faudrait pas que les traits sanguinaires et licencieux des mœurs de ce temps, qu'on s'est si fort complu à mettre en relief, nous en fissent oublier la culture et les élégances. Il y avait déjà de la part de Mme de la Fayette une certaine hardiesse à donner aux personnages de son roman des noms qui étaient encore portés à la cour, comme ceux de Guise et de Chabannes. Au reste, nul effort pour prêter à ces personnages, en particulier à celui qui devait être un jour le Balafré (car c'est de ce Guise-là qu'il s'agit), ou au duc d'Anjou, le futur Henri III, qui est également mis en scène, les sentiments et les actions que leur caractère bien connu pourrait rendre vraisemblables. Pas la moindre préoccupation non plus de ce que nous appellerions la couleur historique. « Pendant que la guerre civile déchirait la France sous le règne de Charles IX, dit Mme de la Fayette, en commençant, l'amour ne laissait pas de trouver place parmi tant de désordres et d'en causer beaucoup dans son empire. » Ce sont ces désordres qu'elle va s'appliquer à peindre, mais les événements ne lui seront d'aucun secours, et les figures font tout l'intérêt du tableau.

La fille unique du marquis de Mézières a été promise au duc du Maine, frère cadet du duc de Guise. Son mariage ayant été retardé à cause de son extrême jeunesse, le duc de Guise, qui a eu occasion de la voir souvent, en devient amoureux et en est aimé. Cependant des considérations politiques viennent à la traverse de l'union projetée. Mlle de Mézières, « connaissant par sa vertu qu'il était dangereux d'avoir pour beau-frère un homme qu'elle eût souhaité pour mari », consent à rompre son engagement avec le duc du Maine, et à épouser le prince de Montpensier. Son mari la conduit à la campagne, en son château de Champigny, et rappelé à la cour par la continuation de la guerre, la confie en garde à son meilleur ami, le comte de Chabannes.

Le comte de Chabannes est sinon le héros, du moins le personnage le plus intéressant, la figure la plus originale et la plus finement tracée du roman. Beaucoup plus âgé que le prince de Montpensier, il s'est lié cependant avec lui d'une liaison très étroite, et comme il a l'esprit doux et fort agréable, il ne tarde pas à inspirer autant d'estime et de confiance à la princesse qu'à son mari. Avec l'abandon d'une jeune femme qui croit pouvoir ouvrir en sécurité son cœur à un homme déjà mûr, la princesse lui raconte l'inclination qu'elle a eue pour le duc de Guise, mais elle lui persuade qu'elle est guérie de cette inclination, et qu'il ne lui en reste que ce qui est nécessaire pour défendre l'entrée de son cœur à un autre sentiment. Cependant le comte de Chabannes ne peut se défendre de tant de charmes qu'il voit chaque jour de si près. « Il devint passionnément amoureux de cette princesse, et quelque honte qu'il trouvât à se laisser surmonter, il fallut céder et l'aimer de la plus violente et de la plus sincère passion qui fût jamais. »

Cependant, la guerre étant terminée, le prince de Montpensier ramène sa femme à Paris. Elle y rencontre fréquemment le duc de Guise, tout couvert de la gloire qu'il s'est acquise en combattant les huguenots. « Sans rien lui dire d'obligeant, elle lui fit revoir mille choses agréables qu'il avait trouvées autrefois en Mlle de Mézières. Quoiqu'ils ne se fussent point parlé depuis longtemps, ils se trouvèrent accoutumés l'un à l'autre *et leurs cœurs se remirent*

aisément dans un chemin qui ne leur était pas inconnu. »
Aussi le duc de Guise ne tarde-t-il pas à déclarer sa passion et, sans l'agréer entièrement, la princesse de Montpensier ne peut s'empêcher de ressentir un mélange de douleur et de dépit lorsque le bruit se répand à la cour que Madame, la sœur du roi, est recherchée par le duc de Guise. Elle se trahit dans un bal masqué où, ayant pris le duc d'Anjou pour le duc de Guise, elle commet l'imprudence de se plaindre à lui de cette infidélité. Le duc d'Anjou, qui est également épris de la princesse de Montpensier, abuse de cette confidence qui ne lui était point destinée, et l'éclat qu'il fait détermine le prince de Montpensier à ramener sa femme à Champigny, et à l'y tenir enfermée. Pour demeurer en relations avec le duc de Guise, elle n'hésite pas à faire appel au dévouement de Chabannes. Ce n'est pas que Chabannes ne lui ait avoué autrefois sa passion ; mais au lieu des rigueurs auxquelles il s'attendait, elle s'est bornée à lui faire sentir la différence de leur qualité et de leur âge, la connaissance particulière qu'il avait de l'inclination qu'elle avait ressentie pour le duc de Guise, et surtout ce qu'il devait à la confiance et à l'amitié du prince son mari. Elle a continué depuis lors de le traiter comme son meilleur ami, et par ce procédé elle se l'est attaché encore davantage. Aussi Chabannes consent-il, quoi qu'il lui en puisse coûter, à rendre à la princesse de Montpensier le service qu'elle lui demande. Il pousse l'abnégation jusqu'à l'héroïsme et même jusqu'à la trahi-

son vis-à-vis de son ami, car il consent à introduire de nuit le duc de Guise chez la princesse de Montpensier. Il est vrai que la princesse lui demande d'assister à leur conversation, mais il ne saurait s'y résoudre, et se retire dans un petit passage, « ayant dans l'esprit les plus tristes pensées qui aient jamais occupé l'esprit d'un amant ». Sur ces entrefaites le prince de Montpensier descend, attiré par le bruit ; mais pendant qu'il fait enfoncer la porte de sa femme, Chabannes fait évader le duc de Guise, et se laisse surprendre à sa place, dans l'appartement de la princesse, où le prince le trouve immobile, appuyé sur une table, avec un visage où la tristesse était peinte. Aux reproches que le prince lui adresse : « Je suis criminel à votre égard, répond Chabannes, et indigne de l'amitié que vous avez eue pour moi, mais ce n'est pas de la manière que vous pouvez imaginer. Je suis plus malheureux que vous et plus désespéré ; je ne saurais vous en dire davantage. »

Le prince de Montpensier, abusé par ce langage et croyant qu'il n'a rien à reprocher à sa femme, pardonne à Chabannes. Mais celui-ci, qui est huguenot, est enveloppé, quelques jours après, dans le massacre de la Saint-Barthélemy. De son côté, le duc de Guise, séparé par tant d'obstacles de la princesse de Montpensier, finit par s'attacher à la marquise de Noirmoutiers, qui prend soin de faire éclater cette galanterie. Le bruit en arrive jusqu'à la princesse de Montpensier. Elle ne peut résister à la douleur d'avoir perdu le cœur de son amant, l'estime de son mari et le plus parfait ami qui fût jamais. Aussi meurt-elle à la fleur de son âge. « Elle était, ajoute Mme de la Fayette, une des plus belles princesses du monde et en eût été sans doute la plus heureuse, si la vertu et la pudeur eussent conduit toutes ses actions. »

Telle est l'action, tantôt un peu lente, tantôt se précipitant avec une rapidité excessive, et, dans l'ensemble, assez malhabile, qui sert de fil à Mme de la Fayette pour faire mouvoir trois personnages dont chacun nous offre déjà quelques traits que nous retrouverons dans ceux de la *Princesse de Clèves*. D'abord la princesse de Montpensier elle-même. C'est une princesse de Clèves d'une vertu assurément moins haute, d'une conduite moins irréprochable, mais conservant cependant jusque dans ses imprudences un ferme propos de délicatesse et d'honneur. Si elle nous semble moins intéressante et moins vivante, c'est que nous n'avons pas le spectacle de ses scrupules et de ses luttes avec elle-même. Nous ne pénétrons pas aussi avant dans son âme, et la peinture de ses sentiments nous paraît superficielle, comme si l'auteur n'avait jamais ressenti elle-même la passion dont elle nous dépeint les entraînements et les combats. C'est cependant une observation bien fine et un trait bien féminin que de nous la représenter jalouse du duc de Guise avant d'avoir accepté son amour, et lui reprochant ses attentions pour Madame lorsqu'elle n'a pas encore agréé les siennes, ou bien encore sachant mauvais gré au pauvre Chabannes, lorsqu'il lui apporte les lettres du duc de Guise, de ce que le duc ne lui écrit pas assez souvent. Quant au duc, c'est bien le prototype du duc de Nemours, auquel il ressemble de beaucoup plus près que la princesse de Montpensier à la princesse de Clèves. Il ne faut chercher en lui aucun des traits du rude Lorrain, moitié soldat, moitié assassin, qui massacra Coligny et fit trembler Henri III. C'est un seigneur accompli de manières et de ton, fort différent du Balafré de l'histoire, qui était aussi hardi jouteur auprès des femmes que contre les huguenots ; et j'ai peine à croire que, dans la réalité, il tourna ses déclarations (si même il prenait la peine d'en faire) en termes aussi galants et aussi mesurés que ceux-ci : « Je vais vous surprendre, madame, et vous déplaire en vous apprenant que j'ai toujours conservé cette passion qui vous a été connue autrefois, mais qui s'est si fort augmentée en vous revoyant que ni votre sévérité, ni la haine de M. le prince de Montpensier, ni la concurrence du premier prince du royaume, ne sauraient lui ôter un moment de sa violence. Il aurait été plus respectueux de vous la faire connaître par mes actions que par mes paroles. Mais, madame, mes actions l'auraient apprise à d'autres aussi bien qu'à vous, et je souhaite que vous sachiez seule que je suis assez hardi pour vous adorer. »

Malgré ces délicatesses, le duc de Guise ne laisse pas de se comporter d'une façon assez piètre, puisqu'après avoir été la cause véritable de l'éclat qui compromet la princesse de Montpensier, il l'abandonne avec une telle rapidité, et il y a même entre le langage qu'il parle et la conduite qu'il tient un certain désaccord qui nuit à la réalité du personnage. Aussi n'est-ce pas sur lui que se porte l'intérêt du roman ou plutôt de la nouvelle. C'est sur le comte de Chabannes. Il fallait un art consommé pour sauver du ridicule et même de l'odieux cet amoureux éconduit qui finit par trahir son ami au profit de son rival. Mme de la Fayette y parvient cependant, comme elle parviendra plus tard à nous intéresser au prince de Clèves. Comme le prince de Clèves en effet, Chabannes tout à la fois joue le rôle ingrat et demeure le personnage intéressant. C'est par la noblesse constante de ses sentiments que cet *ami des femmes* se relève et se sauve à nos yeux. C'est ainsi qu'après une absence de deux ans, quand le prince de Montpensier « lui demande confidemment des nouvelles de l'esprit et de l'humeur de sa femme qui lui était presque une personne inconnue par le peu de temps qu'il avait demeuré avec elle, le comte de Chabannes, avec une sincérité aussi exacte que s'il n'eût point été amoureux, dit au prince tout ce qu'il connaissait en cette princesse capable de la lui faire aimer, et il avertit aussi Mme de Montpensier de toutes les choses qu'elle devait faire pour achever de gagner le cœur et l'estime de son mari. Sa passion le portait si naturellement à ne songer qu'à ce qui pouvait augmenter la gloire et le bonheur de cette princesse qu'il oubliait sans peine l'intérêt qu'ont les amants à empêcher que les personnes qu'ils aiment ne soient dans une parfaite intelligence avec leur mari. » La façon dont il prend, en un moment périlleux, la place du duc de Guise, exposant sa vie et sacrifiant son bonheur pour sauver l'honneur de sa dame et la vie de son rival, achève de nous intéresser à son sort; et c'est avec regret que nous voyons Mme de la Fayette profiter de la Saint-Barthélemy pour se débarrasser de lui, comme elle se débarrasse du reste, en un tour de main, ou plutôt en une petite page, de tous ses autres personnages. C'est à ce dénouement bâclé qu'on sent la gaucherie et l'inexpérience d'une femme qui manque d'invention romanesque, qui sait analyser avec finesse les caractères et les sentiments, mais qui faiblit quand il faut les traduire en action. Cette gaucherie, l'auteur de la *Princesse de Montpensier* ne s'en défera jamais complètement et, à un certain point de vue, je serais tenté de dire qu'elle n'est pas sans charme. Mais elle se trahit par trop dans cette première œuvre, et n'est pas suffisamment rachetée, comme dans la *Princesse de Clèves*, par la grâce du détail et le pathétique discret des sentiments. Pour les admirateurs de Mme de la Fayette, la *Princesse de Montpensier* n'en demeure pas moins une œuvre intéressante, comme pour les admirateurs d'un grand peintre une ébauche ou un tableau où se serait essayée la jeunesse de son génie; et si ce n'était, je le reconnais, un peu trop la grandir, je serais tenté de redire à ce propos ces vers que les fervents de Raphaël ont fait graver au bas de ce divin *Mariage de la Vierge* où son pinceau semble encore conduit par la main du Pérugin :

> Se de tai pregi adorno
> Fu Sanzio imberbe ancora,
> Mai non precorse il giorno
> Più luminosa aurora.

La *Princesse de Montpensier* avait paru en 1662, sans nom d'auteur, avons-nous dit. *Zayde* parut en 1670 sous le nom de Segrais. Quelle raison de renoncer ainsi à l'anonyme pour s'abriter sous le couvert d'un autre ? L'explication de ce changement d'attitude serait assez difficile à trouver s'il fallait croire que Segrais n'avait fait que prêter son nom à Mme de la Fayette, mais qu'en réalité il était demeuré totalement étranger à *Zayde*. La plupart de ceux qui ont écrit sur Mme de la Fayette se sont donné beaucoup de peine pour établir ce point. J'avoue que je ne suis point disposé à les imiter, et que je ne tiens pas à revendiquer pour Mme de la Fayette l'honneur de *Zayde*, comme j'ai revendiqué pour elle contre M. Perrero l'honneur de la *Princesse de Clèves*. C'est peut-être à cause de cela que la chose me paraît demeurer assez obscure. Sans doute Segrais a dit formellement : « *Zayde* qui a paru sous mon nom est de Mme de la Fayette. Il est vrai que j'y ai eu quelque part, mais seulement dans la disposition du roman où les règles de l'art sont observées avec grande exactitude. » Mais ailleurs Segrais semble vouloir revenir sur ce qu'il a dit et recouvrer son bien : « Après que ma *Zayde* fut imprimée, Mme de la Fayette en fit relier un exemplaire avec du papier blanc entre chaque page, afin de la revoir tout de nouveau et d'y faire des corrections, particulièrement sur le langage; mais elle ne trouva rien à y corriger, même en plusieurs années, et je ne pense pas que l'on y puisse rien changer, même encore aujourd'hui. » Aussi l'on comprend que l'éditeur des *Segraisiana* ait, dans sa préface, inscrit *Zayde* au rang des œuvres de Segrais, sans même faire mention de la part qu'y aurait prise Mme de la Fayette. Je sais bien que Huet, dans ses *Origines de Caen*, et plus formellement encore dans son *Commentarius de rebus ad eum pertinentibus*, attribue *Zayde* à Mme de la Fayette. « Je puis, dit-il, attester le fait sur la foi de mes propres yeux et d'après nombre de lettres de Mme de la Fayette elle-même, car elle m'envoyait chaque partie de cet ouvrage successivement, et au fur et à mesure de la composition, et me les faisait lire et revoir. » En effet, au nombre des lettres de Mme de la Fayette à Huet qu'a publiées M. Henry, il y en a une par laquelle elle lui demande son sentiment sur un passage de *Zayde*. Mais personne n'a jamais contesté que Mme de la Fayette n'ait eu part à *Zayde*. La question est de savoir quelle part y a eue Segrais, s'il fut un prête-nom ou un collaborateur. Or il me paraît certain qu'il fut un collaborateur, et cela non pas seulement parce que son nom a continué de figurer seul sur le volume, parce que Mme de Sévigné qui parle souvent de la *Princesse de Clèves* à propos de Mme de la Fayette, ne dit jamais un mot de *Zayde*, et encore parce que Bussy, généralement bien informé de ce qui se passait à Paris, se réjouissait de lire *Zayde* comme étant de Segrais : « car, disait-il, Segrais ne peut rien écrire qui ne soit joli ». C'est aussi pour une raison d'ordre purement littéraire, mais plus décisive à mes yeux. J'ai dit tout à l'heure que la *Princesse de Montpensier* marquait un progrès et une innovation : c'était la substitution du roman de mœurs, du roman français alerte et lestement mené au roman à aventures, invraisemblable et prolixe. Or *Zayde* marque au contraire un pas en arrière, un retour au genre espagnol, qu'avait imité Mlle de Scudéry. C'est la collaboration de Segrais qu'il faut, suivant moi, rendre responsable de ce recul du talent de Mme de la Fayette. Il s'en est inconsciemment accusé lui-même lorsqu'il a dit qu'il n'avait eu part qu'à la disposition du roman où les règles de l'art sont exactement observées, mais les règles de l'art tel que les entendait Segrais, et c'est le cas de se rappeler ce que dit un personnage de la *Critique de l'École des femmes* que « si les pièces qui sont selon les règles ne plaisent pas, et que celles qui plaisent ne soient pas selon les règles, il faudrait, de nécessité, que les règles eussent été mal faites ». Segrais crut, j'en suis persuadé, faire merveille, peut-être en conseillant Mme de la Fayette de choisir ses personnages dans le domaine de la fiction pure et non pas dans celui de l'histoire, en tout cas en l'engageant à entrecouper et ralentir l'action principale par des récits épisodiques, à la mode de Cervantès, mais sans la force du génie qui maintient l'unité en concentrant l'intérêt sur un seul personnage, et aussi à la mode de Madeleine de Scudéry ou de la Calprenède, beaucoup plus faciles à imiter que Cervantès. Et voici, par les conseils dont le succès l'enchantait si fort, le beau résultat auquel il a conduit l'auteur de la *Princesse de Montpensier*.

Il n'y a pas dans *Zayde* moins de cinq histoires, qui s'enchevêtrent : celle de Consalve, celle d'Alphonse, celle de Zayde, celle de Fatime et celle d'Alamir. Quant à chacune de ces histoires prise en elle-même, c'est un tissu d'aventures à la fois extraordinaires et monotones où il n'y a jamais en scène que des princesses d'une beauté parfaite et des cavaliers d'un mérite tellement accompli, qu'on se demande comment ils parviennent à se reconnaître les uns des autres. « Les amants malheureux, dit spirituellement Sainte-Beuve (car en effet ils sont toujours prêts à expirer de douleur aux pieds de celle qu'ils aiment), quittent la cour pour des déserts horribles où ils ne manquent de rien ; ils passent les après-dînées dans les bois, contant aux rochers leur martyre, et ils rentrent dans les galeries de leurs maisons où se voient toute sorte de peintures. Ils rencontrent à l'improviste, sur le bord de la mer, des princesses infortunées, étendues et comme sans vie, qui sortent du naufrage en habits magnifiques et qui ne rouvrent languissamment les yeux que pour leur donner de l'amour. Des naufrages, des dé-

serts, des descentes par mer et des ravissements! »
Ajoutez à cela que des bracelets perdus et des
portraits retrouvés (pas de croix cependant) sont
part importante de l'action. Il est curieux au reste
de remarquer comme en tout temps le faux goût se
ressemble, celui des précieuses et celui des roman-
tiques. Consalve quittant la cour de Léon à cause
des déplaisirs sensibles qu'il y a reçus, et se retirant
dans une solitude au bord de la mer, c'est René,
mais René sans la magnificence du langage et sans
ces traits perçants qui sont de tous les siècles.
Cependant ne rabaissons pas trop *Zayde*. D'abord
la forme en est charmante, et la forme est bien
de Mme de la Fayette. Il n'y a qu'à relire, pour
s'en convaincre, les *Divertissements de la princesse
Aurélie*, le plus célèbre ouvrage de Segrais. Et puis
Zayde a aussi ses traits pénétrants. Il en est un qui
paraissait admirable à d'Alembert ainsi qu'à la Harpe,
et qui est demeuré en effet assez célèbre. Deux
amants, Alphonse et Zayde, l'un Espagnol, l'autre
Grecque, qu'un naufrage a réunis, ont passé trois
mois ensemble sans pouvoir s'entendre, mais non
pas naturellement sans s'aimer « de la plus violente
passion qui fût jamais ». Séparés par les circonstances
les plus compliquées et les plus invraisemblables, ils
se rencontrent inopinément, et, en s'abordant, chacun
parle à l'autre la langue qui n'est pas la sienne et
qu'il a apprise dans l'intervalle. J'avoue que ce trait,
peut-être ingénieux, est pour moi gâté par l'invrai-
semblance du fait et par la difficulté que ma faible

imagination éprouve à se représenter comment une passion si violente et surtout si durable a pu naître entre deux personnes qui ne se comprenaient point, les *muets truchements* ayant seuls fait leur office. Mais je dois convenir que l'épisode, en lui-même, est rapporté avec beaucoup de grâce : « Au bruit que firent ceux dont Consalve était suivi, elle se retourna, et il reconnut Zayde, mais plus belle qu'il ne l'avait jamais vue, malgré la douleur et le trouble qui paraissaient sur son visage. Consalve fut si surpris qu'il parut plus troublé que Zayde, et Zayde sembla se rassurer et perdre une partie de ses craintes à la vue de Consalve. Ils s'avancèrent l'un vers l'autre, et prirent tous deux la parole. Consalve se servit de la langue grecque pour lui demander pardon de paraître devant elle comme un ennemi, dans le même moment que Zayde lui disait en espagnol qu'elle ne craignait plus les malheurs qu'elle avait appréhendés, et que ce ne serait pas le premier péril dont il l'aurait garantie. Ils furent si étonnés de s'entendre parler chacun leur langue naturelle, et ils sentirent si vivement les raisons qui les avaient obligés de les apprendre qu'ils en rougirent, et demeurèrent quelque temps dans un profond silence. » On trouve encore parsemés ici et là d'heureux passages à la fois forts et délicats. « Le trouble que causaient à Consalve ces incertitudes se dissipa; il s'abandonna enfin à la joie d'avoir retrouvé Zayde, et sans penser davantage s'il était aimé ou s'il ne l'était pas, il pensa seulement au plaisir qu'il allait avoir d'être *regardé encore par ses beaux yeux.* » L'histoire de Ximenes, dont les soupçons perpétuels et la jalousie insensée amènent la mort de son meilleur ami, réduisent sa bien-aimée à se jeter dans un couvent et le condamnent lui-même à un malheur éternel, a trouvé aussi quelques admirateurs. Ceux-ci inclinent à penser que le portrait du jaloux est peint d'après nature, que Ximenes c'est la Rochefoucauld, et que, devenu amoureux de Mme de la Fayette, alors que celle-ci n'était plus tout à fait jeune, la pensée qu'il avait été étranger aux premières années de sa vie lui aurait fait éprouver des soupçons et des tourments pareils à ceux de Ximenes. Mais c'est là une conjecture qui me paraît sans aucun fondement. J'accorde cependant qu'on peut sans trop de hardiesse prêter à la Rochefoucauld un sentiment analogue à celui que Ximenes, amoureux de Belasire, traduit en ces termes : « Je ne saurais vous exprimer la joie que je trouvais à toucher ce cœur qui n'avait jamais été touché, et à voir l'embarras et le trouble qu'y apportait une passion qui y était inconnue. Quel charme c'était pour moi de connaître l'étonnement qu'avait Belasire de n'être plus maîtresse d'elle-même et de se trouver des sentiments sur lesquels elle n'avait plus de pouvoir ! Je goûtai des délices dans ces commencements que je n'avais point imaginés, et qui n'a point senti le plaisir de donner une violente passion à une personne qui n'en a jamais eu même de médiocre, peut dire qu'il ignore les véritables plaisirs de l'amour. » Ce fut bien quelque plaisir de ce genre que la Rochefoucauld dut ressentir quand il s'aperçut qu'il commençait à inspirer de l'amour à Mme de la Fayette. *Zayde* a été composée, ne l'oublions pas, entre 1665 et 1670, c'est-à-dire durant ces années où (je crois l'avoir établi) Mme de la Fayette, après avoir lutté d'abord contre les sentiments que lui inspirait la Rochefoucauld, dut finir par s'avouer vaincue, jusqu'à une certaine limite s'entend. Il n'y aurait donc rien d'étonnant à ce que le roman qu'elle écrivait repercutât les échos du roman qu'elle vivait. Mais s'il y a quelque épisode de *Zayde* où il soit possible de découvrir une allusion à ce drame intime, ce n'est pas dans l'histoire de Ximenes, mais bien plutôt dans celle du prince Alamir, ce Lovelace arabe, qui cherche à se faire aimer de toutes les femmes, mais qui, dès qu'il a réussi, abandonne sa conquête pour se mettre à la poursuite d'une autre. Zayde seul réussit à le fixer, mais c'est parce qu'elle demeure insensible à son amour, et la résistance qu'elle oppose à Alamir est précisément ce qui le retient. En traçant le portrait de cet amant volage, que le respect amène à la constance, n'est-ce pas à la Rochefoucauld que Mme de la Fayette a pensé, et n'a-t-elle pas voulu prendre sur lui sa revanche et son point de supériorité ? Notons que cette histoire d'Alamir est celle qui termine ou à peu près le volume, qu'elle a donc été composée vers l'année 1668 ou 1669, c'est-à-dire au plus fort de la période encore orageuse des relations de

Mme de la Fayette avec la Rochefoucauld. Nous savons même que la Rochefoucauld a eu connaissance du manuscrit avant sa publication, et cela de source sûre, par une méprise assez plaisante de M. Cousin. En fouillant dans les papiers de Vallant qui lui ont servi à composer la *Vie de Mme de Sablé*, il a découvert quelques lignes écrites de la main de la Rochefoucauld, qu'il a publiées comme inédites. Les voici : « J'ai cessé d'aimer toutes celles qui m'ont aimé, et j'adore Zayde, qui me méprise. Est-ce sa beauté qui produit un effet si extraordinaire, ou si ses rigueurs causent mon attachement? Serait-il possible que j'eusse un si bizarre sentiment dans le cœur, et que le seul moyen de m'attacher fût de ne m'aimer pas? Ah! Zayde, ne serai-je jamais assez heureux pour être en état de connaître si ce sont vos charmes ou vos rigueurs qui m'attachent à vous? » Mais M. Cousin a commis ici une singulière méprise. Il a cru mettre la main sur une lettre, ou du moins le brouillon d'une lettre adressée par la Rochefoucauld à Mme de la Fayette, sous le nom de Zayde. Il ne s'est pas aperçu que c'était tout simplement, à quelques variantes près, un passage du roman de *Zayde*. De ce passage, la Rochefoucauld serait donc le véritable auteur, et Mme de la Fayette n'aurait fait que l'insérer après l'avoir retouché et abrégé. Lorsque la Rochefoucauld met ces plaintes et cet aveu dans la bouche du prince Alamir, lorsqu'il le fait se plaindre des rigueurs de Zayde, et reconnaître en même temps que ces rigueurs sont précisément ce qui l'attache à elle, n'est-ce pas lui-même qui parle et dont il dépeint les sentiments? S'il en était autrement, pourquoi aurait-il écrit ce passage de sa main, et pourquoi l'aurait-il proposé à l'auteur de *Zayde*? Il y faudrait donc voir à la fois un nouveau témoignage, et celui-là le plus décisif de tous, en faveur de la vertu de Mme de la Fayette, et la confirmation que la Rochefoucauld se reconnaissait bien sous les traits d'Alamir. La ressemblance ne se poursuit pas cependant jusqu'à la fin de l'histoire. Le prince Alamir finit par mourir de langueur, autant du chagrin que lui causent les rigueurs de Zayde que des blessures qu'il a reçues dans un combat singulier avec Consalve. Dans le roman qui suivra *Zayde*, c'est la princesse de Clèves qui mourra de remords et d'amour combattu. Dans la réalité, Mme de la Fayette et la Rochefoucauld ont vécu dix années ensemble, et la Rochefoucauld est mort de la goutte remontée. Ainsi Goethe a fait mourir Werther, et George Sand Lucrezia Floriani, tandis que Goethe et George Sand ont survécu : c'est souvent la différence du roman à la vie, quand, par aventure, la vie n'est pas au contraire plus tragique que le roman.

VIII

« LA PRINCESSE DE CLÈVES »

La *Princesse de Montpensier* avait passé presque inaperçue. Il n'en fut pas de même de *Zayde*. Le nom de Segrais qui était un auteur à la mode avait attiré l'attention, et l'ouvrage fut assez lu. Il ne semble pas cependant que le succès en ait été très grand; Mme de Sévigné n'en parle pas une seule fois à Mme de Grignan. Bussy qui l'attribuait à Segrais en fait, tout en le louant, une critique assez juste. Après avoir dit que, si tous les romans étaient comme celui-là, il en ferait sa lecture ordinaire, il déclare cependant que les amours de Consalve et de Zayde lui paraissent extravagantes, et il ajoute : « Je ne puis souffrir que le héros du roman fasse le personnage d'un fou. Si c'était une histoire, il faudrait supprimer ce qui n'est pas vraisemblable, car les choses extraordinaires qui choquent le bon sens discréditent les vérités. Mais, dans un roman, où l'on est maître des événements, il les faut rendre croyables, et qu'au moins le héros ne fasse pas des extravagances. » Impossible d'exprimer en meilleurs termes une théorie littéraire plus juste. Cette lettre est curieuse en elle-même, car elle montre que chez les gens de goût (et Bussy était du nombre autant que personne) la réaction commençait à naître contre les romans à aventures extravagantes, et que, même au plus fort du succès de *Clélie* ou de *Cléopâtre*, il y avait déjà public pour le roman de mœurs et de sentiment. La *Princesse de Clèves* pouvait paraître.

Elle ne parut cependant que huit ans après *Zayde*, mais Mme de la Fayette y travailla longtemps. D'une lettre de Mme de Sévigné on pourrait conclure qu'elle s'était mise à l'œuvre dès 1672. « Je suis au désespoir, dit cette lettre adressée à Mme de Grignan, que vous ayez eu *Bajazet* par d'autres que par moi. C'est ce chien de Barbin qui me hait, parce que je ne fais pas de *Princesses de Clèves et de Montpensier*. » Il serait cependant assez étrange que six ans avant la publication, et en dépit des habitudes un peu mystérieuses de Mme de la Fayette, le titre du roman fût déjà arrêté et connu non seulement de Mme de Sévigné, mais de Barbin. Aussi me rangerais-je volontiers à la supposition ingénieuse du savant éditeur des *Lettres de Mme de Sévigné*, M. Adolphe Regnier, que, dans la lettre originale, il y avait *Zayde*, et que le chevalier Perrin aurait substitué à *Zayde* la *Princesse de Clèves* pour donner plus de pittoresque à la lettre. Le bon chevalier était, comme on sait, coutumier de ces libertés. Quoi qu'il en soit, il est certain que

Mme de la Fayette, qui vivait de régime et travaillait à ses heures, s'appliqua plusieurs années à la *Princesse de Clèves*, et qu'on commença d'en parler avant l'apparition. Mme de Scudéry en entretenait Bussy par lettre dès décembre 1677 : « M. de la Rochefoucauld et Mme de la Fayette, lui dit-elle, ont fait un roman des galanteries de la cour d'Henri second qu'on dit être admirablement bien écrit »; et elle ajoute gaillardement : « Ils ne sont pas en âge de faire autre chose ensemble ». La préface de la première édition parle « des lectures qui avaient déjà été faites de cette histoire et de l'approbation qu'elle avait rencontrée ». L'attente était donc grande, et quand le petit volume tant annoncé fut mis en vente le 18 mai 1678 chez Barbin, il dut, dès le premier jour, trouver des acheteurs. L'attente ne devait pas être trompée.

Est-il nécessaire de résumer, fût-ce brièvement, l'action de ce roman si connu? Oui, si nous en voulons mieux goûter les beautés. Mlle de Chartres était une des plus grandes héritières de France. « La blancheur de son teint et ses cheveux blonds lui donnaient un éclat qu'on n'a jamais vu qu'à elle. » Sévèrement élevée par sa mère, qui lui avait fait voir de bonne heure quelle tranquillité suivait la vie d'une honnête femme, et combien la vertu donnait d'éclat et d'élévation à une personne qui avait de la beauté et de la naissance, elle épouse le prince de Clèves qui, l'ayant rencontrée chez un joaillier, a conçu pour elle une passion extraordinaire, mais elle n'éprouve aucune inclination particulière pour sa personne. Conduite par son mari à un bal chez la Reine, elle y rencontre le duc de Nemours, dont elle avait ouï parler à tout le monde, comme étant ce qu'il y avait de mieux fait et de plus agréable à la cour. Le hasard les rapproche, et les force à danser ensemble au milieu d'un murmure de louanges. Le duc de Nemours en devient aussitôt éperdument épris, et, dès cette première rencontre, Mme de Clèves se sent troublée. Son trouble ne fait que s'accroître à mesure que les occasions de la vie du monde les rapprochent l'un de l'autre, et que le duc de Nemours lui laisse voir la passion qu'il a pour elle, sans oser cependant se déclarer ouvertement. Sa mère meurt au moment où elle aurait le plus besoin d'un appui, et sentant que bientôt peut-être elle ne sera plus la maîtresse de résister à ses sentiments, elle se retire à la campagne, où elle prend brusquement le parti de tout raconter à son mari. Celui-ci est touché de ce procédé, et bien qu'il soit pénétré de tristesse, la confiance qu'il a en sa femme ne fait d'abord que redoubler. Mais à la longue il ne peut s'empêcher d'être envahi par la jalousie. Il la fait surveiller, et de faux rapports lui font croire qu'elle reçoit secrètement le duc de Nemours dans un pavillon de son parc de Coulommiers. Cette trahison le pénètre d'une douleur mortelle ; il contracte une maladie de langueur, et se sentant sur le point de mourir, il reproche à sa femme son infidélité. Celle-ci parvient à se justifier aux yeux de son mari, qui meurt consolé en lui demandant de demeurer, au moins, fidèle à sa mémoire. Mme de Clèves est dévorée de remords, car elle se considère comme responsable de la mort de son mari. Aussi repousse-t-elle le duc de Nemours quand il vient lui demander sa main, et, après une vie toute d'austérités et de dévotion, elle finit par mourir jeune encore, minée par le chagrin et le repentir.

Tel est le fil assez ténu dont est tissue, non parfois sans quelque gaucherie, la trame d'une des œuvres les plus touchantes, les plus délicates, les plus brillantes par l'éclat doux des couleurs, et en tout cas, les plus connues, qui aient une femme pour auteur. Avant d'en parler plus longuement, voyons (cela est toujours intéressant et instructif) ce qu'en ont pensé d'abord les contemporains, puis les critiques du XVIIIe siècle.

Dès son apparition, le roman fit beaucoup de bruit. Tout le monde s'accordait pour l'attribuer à la Rochefoucauld et à Mme de la Fayette, mais ceux-ci s'en défendaient. Aussi Mme de Scudéry disait-elle assez plaisamment dans une lettre à Bussy : « C'est une orpheline que son père et sa mère désavouent ». Cependant la Rochefoucauld et Mme de la Fayette, d'accord sans doute pour suivre la tactique de Mme de la Fayette dans sa lettre à Lescheraine, la prônaient à outrance, et Bussy trouvait « qu'ils ne sont pas habiles de la louer si fort s'ils ne veulent pas qu'on croie qu'ils l'aient faite, car naturellement tout le monde veut qu'ils en soient les auteurs et leurs louanges le confirment ». Mais si tout le monde était d'accord sur les auteurs, on se disputait fort et, suivant l'expression de Mme de la Fayette elle-même, on se mangeait sur le roman. Dès le lendemain de la publication, Mme de Sévigné exprimait son premier jugement en quelques lignes. Après avoir parlé de la mort de Mme de Seignelay, la belle-fille de Colbert, enlevée à dix-huit ans, elle ajoute : « La princesse de Clèves n'a guère vécu plus longtemps; elle ne sera pas sitôt oubliée. C'est un petit livre que Barbin nous a donné depuis deux jours qui me paraît une des plus charmantes choses que j'aie jamais lues », et elle demande à Bussy de lui en écrire son sentiment. Bussy prend son temps, taille sa plume, et croirait déroger à sa qualité de bel esprit s'il n'apportait sa part de critique. Il veut bien reconnaître que la première partie est admirable, mais la seconde ne lui a pas semblé de même. L'aveu de Mme de Clèves à son mari est extravagant; mais ce qui lui paraît plus extravagant encore, c'est la résistance qu'elle oppose à M. de Nemours. Il n'est pas vraisemblable, suivant lui, qu'une passion d'amour soit longtemps dans un cœur de même force que la vertu, et il ajoute assez brutalement : « Depuis qu'à la cour, en quinze jours, trois semaines ou un mois, une femme attaquée n'a pas pris le parti de la rigueur, elle ne songe plus qu'à disputer le terrain pour se faire valoir. Et si, contre toute apparence et contre l'usage, ce combat de l'amour et de la vertu durait dans son cœur jusqu'à la mort de son mari, alors elle serait ravie de les pouvoir accorder ensemble en épousant un homme de sa qualité, le mieux fait et le plus joli cavalier de son temps. » Bussy, malgré tout son esprit, était un peu grossier. Il n'a pas compris qu'il critiquait dans la *Princesse de Clèves* ce qui en fait précisément le charme et la nouveauté, et cela n'a rien après tout d'étonnant. Mais ce qui a lieu de surprendre, c'est l'acquiescement de Mme de Sévigné. A la vérité elle semble donner cet acquiescement du bout des lèvres, ou plutôt du bout de la plume, et en personne qui ne se soucie pas d'engager une discussion par lettre; mais elle va jusqu'à dire à Bussy que sa critique de la *Princesse de Clèves* est admirable, qu'elle s'y reconnaît, et qu'elle y aurait même ajouté deux ou trois petites bagatelles qui, très assurément, lui ont échappé. Aussi Bussy lui répond-il avec une certaine fatuité que, s'ils se mêlaient, lui et elle, de composer et de corriger une petite histoire, ils feraient penser et dire aux principaux personnages des choses plus naturelles que n'en pensent et disent ceux de la *Princesse de Clèves*.

Quel dommage que Mme de Sévigné n'ait pas pris Bussy au mot et que nous n'ayons pas, en regard de la *Princesse de Clèves,* un roman dû à leur collaboration! J'imagine qu'on y trouverait plus de choses spirituelles et moins de choses touchantes. Quoi qu'il en soit, on ne saurait s'empêcher d'en vouloir un peu à Mme de Sévigné de n'avoir pas pris contre Bussy la défense de son amie, et de ne s'en être pas tenue à son premier jugement. Il est vrai que, l'année suivante, elle faisait lire la *Princesse de Clèves* à des prêtres « qui s'en déclaraient ravis »; mais, dans d'autres circonstances, elle en parle avec un peu de raillerie. « Cet habit de page est fort joli, écrit-elle un jour à Mme de Grignan, à propos de son fils le petit marquis; je ne m'étonne point que Mme de Clèves aimât M. de Nemours avec ses belles jambes. » Son premier jugement avait été le bon; puis elle avait reculé peut-être devant les railleries de quelques beaux esprits. Ceux-ci étaient en effet fort divisés, comme au lendemain de l'*École des femmes*; les uns tenaient pour la *Princesse de Clèves*, mais les autres faisaient rage en sens contraire, et leurs critiques prenaient corps dans un petit livre qui parut sous ce titre : *Lettres à la marquise de X... sur le sujet de la* « Princesse de Clèves ». On attribua d'abord ce livre au père Bouhours, et c'eût été une grande victoire pour les ennemis de la *Princesse de Clèves* que de l'avoir enrégimenté, car le père Bouhours s'était montré fort admirateur de *Zayde*, et il avait déclaré « que si tous les romans étaient comme *Zayde*, il n'y aurait point de mal à en lire ». Mais le père Bouhours s'en défendait, et donnait à entendre que ces lettres étaient de Valincour, le Valincour de l'épître de Boileau, encore fort jeune, car il n'avait pas vingt-cinq ans, mais dont le jugement comptait déjà dans le monde des lettres. La critique était fort courtoise, d'un ton poli, mais cependant par endroits assez vive. Entre autres reproches, l'auteur des *Lettres à la marquise* adressait à Mme de la Fayette celui, assez singulier, d'avoir placé la première rencontre du prince de Clèves avec Mlle de Chartres chez un joaillier, et non point dans une église. Quant à la scène de l'aveu qui suscitait beaucoup de disputes, il n'en pouvait prendre son parti, et tout en reconnaissant que cet aveu était capable « d'attendrir les cœurs les plus durs et de tirer des larmes des yeux de tout le monde », il n'était, au fond, pas éloigné de traiter, comme Bussy, l'idée elle-même d'extravagante.

Les tenants de la *Princesse de Clèves* ne se décourageaient point cependant, et ils répondaient par un petit volume qui parut l'année suivante, chez Barbin, sous ce titre : *Conversation sur la critique de la « Princesse de Clèves »*. Ce volume, attribué d'abord à Barbier d'Aucourt, est en réalité de l'abbé de Charnes : c'est, comme le titre l'indique, en quatre conversations que, d'après l'exemple donné par Molière dans la *Critique de l'École des femmes*, l'abbé de Charnes entreprend de répondre à Valincour. Mais il le fait sans esprit, et dans un style assez lourd. Ni louanges ni critiques ne sont au reste celles que suggère aujourd'hui la lecture de la *Princesse de Clèves*. Aussi rien mieux que cette controverse ne servirait à montrer les transformations du goût d'un siècle à un autre, et je m'étonne que dans son étude sur l'*Évolution des genres,* un des livres les plus remplis de faits et d'idées qui ait paru depuis longues années, notre savant et spirituel Brunetière n'ait pas fait mention de ces deux petits livres qu'il aurait pu classer comme des spécimens curieux de la critique d'autrefois.

Cependant, attiré peut-être par le bruit de la controverse, le public avait pris parti, ce grand public qui devait avoir un jour plus d'esprit que Voltaire, et qui avait déjà plus d'esprit que Bussy et Mme de Sévigné réunis. Son jugement fut en faveur de Mme de la Fayette. Dans la préface de son petit volume, l'abbé de Charnes avait le droit de dire (bien que la métaphore ne soit pas des plus correctes) « que le censeur de la *Princesse de Clèves* avait voulu s'opposer au torrent de la voix publique ». Les éditions se multipliaient, et ce qui, alors comme aujourd'hui, était le signe du succès, la traduction et le théâtre s'en emparaient. La *Princesse de Clèves* parut traduite à Londres en 1688, en même temps que *Zayde*, qui bénéficiait ainsi du succès de sa cadette.

Presque en même temps, un auteur anglais en tirait le sujet d'une pièce. Il est vrai que c'était une parodie. Mais le plus beau triomphe de la *Princesse de Clèves* est peut-être de s'être imposée à Fontenelle, au peu romanesque Fontenelle qui la lisait quatre fois, et qui écrivait ensuite au *Mercure galant* : « Il vous serait aisé de juger qu'un géomètre comme moi, l'esprit tout rempli de mesures et de proportions, *ne quitte point son Euclide* pour lire quatre fois une nouvelle galante, à moins qu'elle n'ait des charmes assez forts pour se faire sentir à des mathématiciens, qui sont peut-être les gens du monde sur lesquels ces sortes de beautés, trop fines et trop délicates, font le moins d'effet ». Sans doute ces beautés étaient trop fines et trop délicates pour Bayle, car il a inséré dans ses *Nouvelles Lettres sur l'histoire du calvinisme* une critique assez inopinée de la *Princesse de Clèves* où il se place, comme dit Sainte-Beuve, au point de vue de la bonne grossièreté naturelle. Voltaire, par contre, a rendu justice à Mme de la Fayette, et il marque d'un mot juste son originalité en disant qu' « avant elle on écrivait d'un style ampoulé des choses peu vraisemblables ». Aux yeux de Marmontel « la *Princesse de Clèves* était ce que l'esprit d'une femme pouvait produire de plus adroit et de plus délicat. » La Harpe enfin (ne nous moquons pas de lui, car l'homme avait du goût) la mettait, dans son *Cours de littérature*, au rang des œuvres classiques, et déclarait que jamais « l'amour combattu par le devoir n'a été peint avec plus de délicatesse. » On sait comment de nos jours Sainte-Beuve et Taine, pour ne nommer que ceux-là, en ont parlé. Depuis vingt ans c'est presque de l'engouement qu'il y a pour la *Princesse de Clèves*, et le fait est à noter, dans un temps où la mode n'est assurément pas aux productions d'une littérature aussi élégante. Les deux jolies éditions de luxe, également soignées pour le texte et pour la typographie, que M. Anatole France et M. de Lescure ont enrichies de notices intéressantes (sans compter un grand nombre d'autres plus ordinaires), attestent la persistance de cette faveur. On y pourrait voir au besoin la preuve du caractère factice et passager de la faveur si contraire qui semble s'attacher en ce moment aux manifestations les plus hardies de la littérature naturaliste. Le vrai goût de la France n'est pas là, et il y aura toujours, grâce à Dieu, dans notre pays, public de raffinés.

Ce qui vaut et vaudra toujours à la *Princesse de Clèves* le suffrage de ces raffinés est aussi ce que je voudrais mettre en relief, sans insister plus que de raison sur ce qui en a pu faire pour les contemporains l'attrait et la nouveauté. Je me bornerai à dire à ce propos que, avec plus de hardiesse et de suite que dans la *Princesse de Montpensier*, Mme de la Fayette a réalisé son dessein de peindre sous un voile transparent les mœurs du monde qu'elle avait eu sous les yeux. Il y a même tel incident, ainsi celui de la lettre tombée de la poche du vidame de Chartres, et montrée d'abord à la Dauphine, puis à Mme de Clèves, qui devait singulièrement rappeler aux survivants de la Fronde l'histoire de la lettre qu'on crut tombée de la poche de Coligny, et qui amena entre la duchesse de Longueville et la duchesse de Montbazon une brouille célèbre. Peut-être y avait-il encore dans le roman d'autres traits dont l'allusion nous échappe, faute de savoir les menus événements auxquels ils peuvent se rapporter. Mais la *Princesse de Clèves* avait encore une autre originalité. C'était la première œuvre à laquelle on aurait pu donner comme sous-titre : *roman d'une femme mariée*. Arrivé au terme de son *Roman bourgeois*, c'est-à-dire au mariage du héros et de l'héroïne, Furetière ajoute : « S'ils vécurent bien ou mal ensemble, vous le pourrez voir quelque jour, si la mode vient d'écrire la vie des femmes mariées ». En effet ce n'était point alors la mode. Le roman, dans quelque monde qu'il se passât, ne mettait en scène que jeunes premiers et jeunes premières; ni les résistances de la vertu conjugale, ni les drames de l'amour adultère ne paraissaient propres à être contés. Mme de la Fayette, la première, a eu l'idée qu'il y avait là matière à roman, et si, depuis lors, il a été fait un singulier abus de cette idée, si à lire aujourd'hui nos romans français il semble qu'un homme ne puisse éprouver d'amour que pour une femme mariée, ce ne serait point justice de rendre Mme de la Fayette responsable de cet abus lorsqu'elle-même a fait de sa découverte un si discret usage. Mais ce sont du succès de la *Princesse de Clèves* raisons secondaires et contingentes; j'ai hâte d'arriver à celles qui sont, suivant moi, premières et durables.

Je ne parlerai pas de cette forme exquise sans laquelle il n'y a pas d'œuvre qui satisfasse aux conditions de la durée, de ce style qui joint l'émotion à la mesure, le charme à la force, de cette phrase harmonieuse, souple, nuancée, qui s'est singulièrement allégée depuis la *Princesse de Montpensier*, depuis *Zayde*, et qui semble parfois emprunter à la Rochefoucauld quelque chose de son élégante brièveté. Si je tiens à rendre cet hommage à la Rochefoucauld, c'est qu'à cela aussi j'entends limiter sa part. Je ne crois pas en effet, quoi qu'en pensât Mme de Scudéry, à une collaboration proprement dite, comme celle qui a pu s'établir entre Mme de la Fayette et Segrais, à moins cependant qu'on n'entende par collaboration une intimité intellectuelle, une communication morale constante. Mme de la Fayette imaginant, composant, tenant la plume ; la Rochefoucauld conseillant et corrigeant : voilà ce que je me figure, et c'est déjà faire à la Rochefoucauld la part assez belle. A y mettre davantage la main, je crains qu'il n'eût gâté quelque chose. Ce qui est en effet la qualité maîtresse de Mme de la Fayette c'est la sensibilité dans l'analyse. Impossible d'apporter plus de sagacité, et en même temps plus de tendresse dans la peinture des sentiments. Elle a fait de la psychologie, non pas sans le savoir, mais sans le dire, ce qui est bien différent, et cela alors que le mot n'existait pas encore dans notre langue, car, au dire de Littré, ce n'est pas à la Grèce directement, mais à l'Allemagne et à Wolf que nous le devons (je m'en méfiais bien un peu). La *Princesse de Clèves* est le premier roman où un cœur de femme soit mis à nu, et étudié dans ses plus secrets replis. Tous les mouvements de ce cœur sont l'objet d'une analyse dont la minutie n'enlève rien à la profondeur. L'inexpérience de Mlle de Chartres quand elle épouse le prince de Clèves, et ses réponses innocentes à « des distinctions qui étaient au-dessus de ses connaissances » ; sa première surprise après qu'elle a dansé avec le duc de Nemours, et qu'elle revient du bal l'esprit rempli de ce qui s'y était passé; la grande impression qu'il fait dans son cœur lorsqu'elle le voit jouer à la paume, courir la bague, surpasser de si loin tous les autres, et se rendre maître de la conversation dans tous les lieux où il se trouve par l'air de sa personne et par l'agrément de son esprit; la complication de ses sentiments lorsqu'ayant renoncé à aller au bal chez le maréchal de Saint-André pour ne point contrister le duc de Nemours qui n'y devait point aller, elle est d'abord fâchée de ce que M. de Nemours eût eu lieu de croire que c'était lui qui l'en avait empêché, puis « sent ensuite quelque espèce de chagrin de ce que sa mère lui en eût entièrement ôté l'opinion »; bientôt son trouble lorsque, avant de mourir, sa mère lui a ouvert les yeux sur l'inclination qu'elle éprouve sans s'en rendre exactement compte, et sur le péril auquel elle est exposée; le poison qu'elle boit lorsqu'elle apprend par la Dauphine que M. de Nemours a renoncé pour elle à la main de la reine d'Angleterre; sa jalousie « avec toutes les horreurs dont elle peut être accompagnée » lorsqu'une lettre lui fait croire qu'elle est trompée par le duc de Nemours; sa joie quand elle s'aperçoit de son erreur; enfin l'effroi qu'elle ressent lorsque la vivacité des alternatives par lesquelles elle a passé lui fait apercevoir qu'elle est vaincue et surmontée par une inclination qui l'entraîne malgré elle; toutes ces nuances de la passion sont peintes avec un art, toutes ces gradations ménagées avec une science qui prépare, amène, explique la scène célèbre de l'aveu que la princesse fait à son mari, cette scène qui fut autrefois la plus critiquée, et qui nous semble aujourd'hui la plus belle et la plus touchante.

A partir de cet aveu qui marque environ le milieu du roman, on peut dire que l'intérêt se partage. Jusqu'alors il est exclusivement concentré sur la princesse de Clèves, car, malgré de jolis traits qui peignent le duc de Nemours, ainsi « cette douceur et cet enjouement qu'inspirent les premiers désirs de plaire », ainsi « l'air si doux et si soumis avec lequel il parle à la princesse », Mme de la Fayette n'est pas parvenue cependant à lui donner la vie; nous ne le sentons pas vraiment amoureux et malheureux. Il a beau laisser couler quelques larmes sous des saules, le long d'un petit ruisseau, il n'arrive pas à nous attendrir, et il demeure à nos yeux un bellâtre assez froid. Peut-être même Mme de la Fayette nous répète-t-elle trop souvent qu'il est admirablement bien fait, et l'on pardonne à Mme de Sévigné de s'être moquée de ses belles jambes. C'est au prince de Clèves que nous allons désormais nous attacher, et, à cette occasion, il faut faire à Mme de la Fayette l'honneur d'une découverte littéraire qui lui revient tout entière : elle a inventé le mari. Avant elle le mari était un personnage sacrifié : le roman ne lui faisait même pas l'honneur de s'occuper de lui; il ne jouait de rôle que dans les fabliaux, dans les contes, dans les pièces de théâtre, et ce rôle était toujours un rôle ridicule. Il était le seigneur au bahut des *Cent Nouvelles nouvelles*, le messire Artus de La Fontaine, le Sganarelle ou le George Dandin de Molière, c'est-à-dire un butor ou un benêt, et toujours un sot, dans tous les sens du mot. Mme de la Fayette arrive, et nous le fait apparaître sous un tout autre aspect. Rien de plus noble et de plus touchant que l'attitude du prince de Clèves quand il reçoit l'étrange confidence de sa femme. « Ayez pitié de moi, madame, lui dit-il ; j'en suis digne, et pardonnez si dans les premiers moments d'une affliction comme la mienne je ne réponds pas comme je dois à un procédé comme le vôtre. Vous me paraissez plus digne d'estime et d'admiration, que tout ce qu'il y a jamais eu de femmes au monde, mais aussi je me trouve le plus malheureux homme qui ait jamais été. Vous m'avez donné de la passion dès le premier moment que je vous ai vue ; vos rigueurs et votre possession n'ont pu l'éteindre, elle dure encore : je n'ai jamais pu vous donner de l'amour, et je vois que vous craignez d'en avoir pour un autre. Et qui est-il, madame, cet homme heureux qui vous donne cette crainte ? Depuis quand vous plaît-il ? Qu'a-t-il fait pour vous plaire ? Quel chemin a-t-il trouvé pour aller à votre cœur ? Je m'étais consolé en quelque sorte de ne l'avoir pas touché par la pensée qu'il était incapable de l'être. Cependant un autre a fait ce que je n'ai pu faire ! J'ai tout ensemble la jalousie d'un mari et celle d'un amant : mais il est impossible d'avoir celle d'un mari après un procédé comme le vôtre. Il est trop noble pour ne pas donner une sûreté entière, il me console même comme votre amant. La confiance et la sincérité que vous avez pour moi sont d'un prix infini, vous m'estimez assez pour croire que je n'abuserai pas de cet aveu. »

Mais il ne saurait longtemps se maintenir à cette hauteur qui est au-dessus de la nature humaine, et Mme de la Fayette nous montre, avec un art admirable, toutes les variations de sentiments par lesquels il passe avant d'en arriver à la jalousie la plus aiguë. Il s'ingénie d'abord à découvrir l'homme que sa femme aime, se figurant qu'il sera peut-être moins malheureux quand sa jalousie aura pris corps; puis, quand il sait que c'est M. de Nemours, il lui paraît impossible qu'elle résiste longtemps aux séductions d'un gentilhomme aussi accompli. Il la soupçonne, il la presse de questions; quoi qu'elle fasse et de quelque façon qu'elle se conduise vis-à-vis de M. de Nemours, sa conduite lui paraît répréhensible, et il en arrive à lui reprocher ce dont il devrait lui être reconnaissant.

« Pourquoi des distinctions? dit-il à la princesse en apprenant qu'elle a refusé de recevoir M. de Nemours. Pourquoi ne vous est-il pas comme un autre? Pourquoi faut-il que vous craigniez sa vue? Pourquoi lui laissez-vous voir que vous la craignez? Pourquoi lui faites-vous connaître que vous vous servez du pouvoir que sa passion vous donne sur lui? Oseriez-vous refuser de le voir, si vous ne saviez bien qu'il distingue vos rigueurs de l'incivilité? Mais pourquoi faut-il que vous ayez des rigueurs pour lui? *D'une personne comme vous, madame, tout est des faveurs, hors l'indifférence.* »

En quels termes, avec quelle mesure, également, il fait reproche à sa femme lorsqu'il se sent à la veille de mourir, croyant qu'il a été trompé par elle : « Je méritais votre cœur, lui dit-il, je meurs sans regret puisque je n'ai pu l'avoir, et que je ne puis plus le désirer ». Et quand Mme de Clèves est parvenue à le détromper et à lui prouver son innocence, je sais peu de choses aussi touchantes que les dernières paroles qu'il lui adresse : « Je me sens si proche de la mort que je ne veux rien voir de ce qui me pourrait faire regretter la vie. Vous m'avez éclairci trop tard, mais je me sens toujours un soulagement d'emporter la pensée que vous êtes digne de l'estime que j'ai eue pour vous. Je vous prie que je puisse avoir encore la consolation de croire que ma mémoire vous sera chère et que, s'il eût dépendu de vous, vous eussiez eu pour moi les sentiments que vous avez pour un autre. » M. de Clèves nous paraît tellement plus digne d'amour que le duc de Nemours que nous en voulons un peu à la princesse de préférer à un aussi galant homme un aussi fade gentilhomme. Il est le premier type du mari sympathique, et c'est là un personnage que nous avons vu souvent reparaître dans des œuvres postérieures. On retrouve quelques-uns de ses traits dans le baron de Wolmar de la *Nouvelle Héloïse*, lorsque, devenu le mari de Julie, il reste le confident ou plutôt le témoin de l'amour qu'elle conserve pour

Saint-Preux. Mais Wolmar est un prince de Clèves pédant, gourmé et jouant, à tout prendre, un rôle assez ridicule. La ressemblance est plus frappante avec certains personnages du théâtre de M. Alexandre Dumas, dont, soit dit en passant, les maris ont généralement eu à se louer, avec Claude ou plutôt avec le commandant Montaiglin de *Monsieur Alphonse*, et, encore, pour parler d'œuvres tout à fait récentes, avec le mari de *Crime d'amour* qui joue un rôle si noble par comparaison avec l'amant.

Je ne voudrais pas abuser de ces rapprochements avec des œuvres contemporaines, mais il en est encore un dont je ne puis me défendre. J'ai fait voir combien cette scène de l'aveu avait paru extraordinaire aux contemporains de Mme de la Fayette, et quelles discussions elle avait suscitées. C'était une des critiques sur lesquelles insistait le plus l'auteur des *Lettres à la marquise*. Cependant il « concédait que cet endroit ferait un bel effet sur le théâtre ». Valincour, puisque c'est lui qui est l'auteur des lettres, ne savait pas si bien dire, et nous avons vu, deux siècles plus tard, tout l'effet qu'un dramaturge de génie peut tirer d'un aveu conjugal. La scène du *Supplice d'une femme* où l'épouse adultère tend brusquement à son mari la lettre qui contient la preuve de sa faute est un des effets de théâtre les plus puissants dont notre génération ait gardé le souvenir. Assurément ni M. Alexandre Dumas, ni M. de Girardin (pour la part qui doit lui rester dans la pièce) n'y ont pensé, mais il est curieux que l'idée première d'un effet de scène aussi moderne appartienne pour moitié à Mme de la Fayette et à Valincour.

Je n'ai point encore signalé ce qui marque la supériorité véritable de la *Princesse de Clèves* non seulement sur *Zayde* et la *Princesse de Montpensier*, mais sur d'autres romans où les ardeurs de la passion et les troubles de la jalousie sont peints avec une force égale ou, si l'on veut, supérieure. Ce qui en fait la rareté, la Harpe nous l'a dit tout à l'heure, « c'est que jamais l'amour combattu par le devoir n'a été peint avec plus de délicatesse ». Mais est-ce assez dire que parler de délicatesse et ne faut-il pas ajouter encore de pathétique? En effet l'emploi mesuré des mots n'enlève rien à la force des sentiments. Toute voilée qu'elle est sous les nuances du langage, la passion court à travers toutes ces pages. L'accent en est tout autre que celui des deux œuvres précédentes. Chez l'auteur de la *Princesse de Clèves* on sent la femme qui a aimé, et qui sait ce dont elle parle, car elle a lutté et souffert. On sent qu'elle raconte le roman de sa vie, et que tout à la fois elle confesse sa faiblesse et rend témoignage à sa vertu. Ces combats qu'elle peint, ils se sont passés dans son cœur; ces objurgations que la princesse de Clèves s'adresse en son particulier, maintes fois elle a dû se les répéter à elle-même. « Quand je pourrais être contente de sa passion, qu'en veux-je faire? veux-je la souffrir? veux-je y répondre? veux-je m'engager dans une galanterie? veux-je manquer à M. de Clèves? *Veux-je me manquer à moi-même?* et veux-je enfin m'exposer aux cruels repentirs et aux mortelles douleurs que donne l'amour? » Combien de fois Mme de la Fayette n'a-t-elle pas dû se tenir ce langage; mais combien de fois n'a-t-elle pas dû s'avouer ce que s'avouait aussi Mme de Clèves : « Je suis vaincue et surmontée par une inclination qui m'entraîne malgré moi. Toutes mes résolutions sont inutiles; je pensais hier tout le contraire de ce que je pense aujourd'hui, et je fais aujourd'hui tout le contraire de ce que je résolus hier. » Mais si sa défaite avait été complète, si son inclination l'avait fait manquer à l'honneur, elle n'aurait point su peindre comme elle l'a fait la résistance que Mme de Clèves oppose moins au duc de Nemours qu'à elle-même, ni la sublimité de vertu et le scrupule excessif qui l'empêchent, devenue libre, d'accepter la main que le duc lui offre. Mme de la Fayette était trop vraie, suivant l'expression de la Rochefoucauld, pour s'idéaliser au delà d'une certaine mesure aux dépens de la vérité dans un roman où elle avait mis une part d'elle-même. J'ajoute qu'elle n'avait pas pour cela assez d'imagination. Elle en donna bien la preuve lorsque, voulant justifier, au point de vue de la vraisemblance, l'aveu de la princesse de Clèves à son mari, elle essaya, dans une petite nouvelle intitulée la *Comtesse de Tende*, de montrer la nécessité où une femme peut se trouver réduite d'avouer à son mari une faute bien autrement grave. Elle ne fit qu'une œuvre médiocre, sans vraisemblance, sans vie, où l'on ne trouve rien qui soit comparable à la *Princesse de Clèves*. Mme de la Fayette n'avait pas en elle une source perpétuellement jaillissante d'où coulât à gros bouillons, comme chez une George Sand et une George Eliot, un flot de créations incessantes ; elle n'était point une *romancière* capable de mettre sur pied des êtres qu'elle n'aurait point observés, ou d'inventer des aventures qui ne se seraient point passées sous ses yeux. Elle était une femme du monde, douée d'un don naturel pour écrire, à laquelle une fois dans sa vie les troubles de son cœur ont donné presque du génie.

S'il fallait achever de démontrer la part d'inspiration personnelle qui fait le charme et le pathétique de la *Princesse de Clèves*, j'en trouverais une nouvelle preuve dans les mobiles qui dictent la conduite et qui fortifient la courageuse austérité de l'héroïne. Nous avons vu dans la biographie de Mme de la Fayette qu'avant l'époque où elle entra en relations avec Du Guet (c'est-à-dire avant la mort de la Rochefoucauld), elle paraît s'en être tenue à l'observance extérieure des prescriptions religieuses, mais qu'elle n'était ni dévote ni même pieuse. Or cet état paraît répondre exactement à celui que Mme de la Fayette dépeint chez la princesse de Clèves. Sans doute Mme de Clèves est chrétienne ; mais il est assez remarquable que pas une seule fois dans la lutte qu'elle soutient contre elle-même, elle n'appelle à son aide un secours surnaturel. Pas une prière, pas un acte de foi. Un romancier de nos jours qui voudrait peindre une femme vertueuse et point philosophe mettrait incessamment dans sa bouche le nom de Dieu. Ce nom ne se trouve pas une seule fois dans toute l'œuvre de Mme de la Fayette. Quand Mme de Chartres, sur son lit de mort, adresse à sa fille ses recommandations dernières, elle lui demande de songer à ce qu'elle se doit à elle-même, et de penser qu'elle va perdre cette réputation qu'elle s'est acquise; elle lui fait voir les malheurs d'une galanterie, mais elle n'ajoute pas une seule considération religieuse. Les exhortations que Mme de Clèves s'adresse à elle-même sont inspirées du même esprit. Elle parle toujours de sa réputation, de sa dignité, de sa vertu, mais vertu au sens antique, *virtus*. On dirait la Pauline de Corneille, mais la Pauline d'avant le cinquième acte, la femme d'honneur qui n'est pas chrétienne. Il est vrai que pour échapper aux poursuites du duc de Nemours elle entre dans une maison religieuse, sans faire de vœux cependant, mais ce qui paraît l'y déterminer c'est moins la ferveur qu'une sorte de détachement philosophique, moins l'amour de Dieu que « cette vue si longue et prochaine de la mort qui fait voir les choses de cette vie de cet œil si différent dont on les voit dans la santé ». Si elle renonce à l'amour, c'est « parce que les passions et les engagements du monde lui parurent tels qu'ils paraissent aux personnes qui ont des vues plus grandes et plus éloignées ». La foi peut y être; la piété n'y est pas, et si je ne craignais de forcer ma pensée, je dirais que Mme de la Fayette a écrit, sans assurément y songer, le roman de la vertu purement humaine. Mais peut-être est-ce à cause de cela que ce roman agit si fortement sur les âmes, sur toutes les âmes, car si les plus heureuses, celles qui s'abreuvent à la source divine, n'y trouvent rien qui blesse leurs sentiments, si elles sont même en droit de dire qu'un fonds d'éducation et de préparation chrétiennes peut seul conduire à cette sublimité de sacrifice, les autres, celles qui empruntent leur courage à la seule dignité et au seul respect d'elles-mêmes, y trouvent encore un encouragement et un appui. Aussi, pour les unes comme pour les autres, la lecture de la *Princesse de Clèves* sera-t-elle toujours d'un grand réconfort. Oui, petit livre qui, depuis deux siècles, as été manié par de si douces mains, soit revêtu de la couverture modeste sous laquelle tu parus pour la première fois, soit paré par le luxe moderne d'une reliure élégante, tu mérites d'être rangé parmi ces œuvres bénies, devenues trop rares de nos jours, qui servent à entretenir le culte du beau moral, et tu demeureras toujours le bréviaire des âmes qui sont à la fois passionnées mais délicates, faibles mais fières. Qui sait en effet, qui peut savoir à combien de ces âmes tu es venu en aide, en leur murmurant à l'oreille ces mots qui pénètrent, et où l'on croit entendre inopinément la voix de la conscience! Aussi bien peut-être que tel sermon de Bourdaloue *sur les amitiés sensibles et prétendues innocentes*, aussi bien que telles austères leçons d'un prêtre de nos jours, tu as su dire à quelques-unes d'entre elles les paroles dont elles avaient besoin, car tu leur as fait entendre que la vertu peut trouver sa fin en elle-même, et goûter sa récompense dans l'austère jouissance du devoir accompli. Et si l'idéal que tu leur as proposé peut paraître au-dessus de l'humaine nature, si nous ne pouvons nous empêcher de trouver avec Nemours que celle que tu nous as fait aimer avec lui sacrifie un bonheur permis à un fantôme de devoir, eh bien, sois béni encore pour cette exagération même, car l'humanité et la jeunesse surtout n'atteindraient pas au devoir si elles ne visaient d'abord au-dessus, comme le projectile qui ne parviendrait pas jusqu'à un but éloigné s'il ne commençait par s'élever plus haut. Merci donc à toi pour avoir proposé comme idéal le sacrifice à l'amour et l'héroïsme à la vertu.

C'est le propre des belles œuvres ou même tout simplement des œuvres qui ont eu du succès de susciter des imitations. Notre littérature est ainsi encombrée de pastiches, que ce soient de fausses *Nouvelles Héloïses*, ou de fausses *Lélia*, dont le plus grand nombre reproduisent les défauts de leurs modèles sans en avoir les qualités. La *Princesse de Clèves* ne pouvait échapper à cette loi. Cependant, et précisément peut-être à cause de la rareté de l'œuvre qui en rend l'imitation difficile, on peut dire qu'elle n'a pas trop à se plaindre. Sans doute on peut rattacher si l'on veut à la *Princesse de Clèves* tous les romans de la fin du siècle dernier ou du commencement de celui-ci où des femmes aimables et spirituelles, qui avaient ou se croyaient le don d'écrire, ont peint le monde où elles vivaient et les aventures dont elles avaient été témoins. Les *Lettres de Lausanne*, *Adèle de Sénanges*, *Eugène de Rothelin*, *Édouard*, et même la *Maréchale d'Aubemer*, ou, si l'on préfère les noms des auteurs à ceux des œuvres, Mmes de Charrière, de Souza, de Duras, et même Mme de Boigne, se sont toutes, on peut le dire, inspirées plus ou moins de Mme de la Fayette, et ont copié en elle ce que j'ai cru pouvoir appeler le peintre des mœurs élégantes. Dans cet ordre d'idées, on pourrait même dire qu'elle n'a fait que trop d'élèves. Mais la *Princesse de Clèves* a eu également une descendance plus choisie : c'est celle des romans dont l'intérêt se tire de la lutte entre la passion et le devoir, et qui donnent la victoire à la vertu. Les œuvres de cette nature sont rares dans notre littérature; mais, Dieu merci! elle n'en est pas cependant complètement dépourvue. Je n'en veux citer qu'un exemple, c'est cette admirable histoire de *Dominique* où Fromentin a su allier les qualités du peintre à celles du romancier, et la profondeur d'analyse d'un Bourget à l'art descriptif d'un Loti. Assurément la ressemblance est lointaine. Dominique n'a point l'élégance du duc de Nemours. M. de Nièvre n'a rien de commun avec M. de Clèves, et Madeleine, surtout, n'a point la réserve ni la fierté de la princesse. Ce n'est point un scrupule aussi rare et aussi délicat qui la pousse lorsque, encore enchaînée dans les liens du mariage, elle se sépare pour toujours de Dominique, le lendemain du jour où elle a failli s'abandonner à lui. Mais il est impossible cependant de lire leur dernière entrevue sans que la pensée se reporte à la dernière conversation de la princesse de Clèves avec le duc de Nemours :

« Mon pauvre ami ! me dit-elle, il fallait en venir « là. Si vous saviez combien je vous aime ! Je ne vous « l'aurais pas dit hier ; aujourd'hui cela peut s'avouer, « puisque c'est le mot défendu qui nous sépare. » Elle, exténuée tout à l'heure, elle avait retrouvé je ne sais quelle ressource de vertu qui la raffermissait à mesure. Je n'en avais plus aucune : elle ajouta, je crois, une ou deux paroles que je n'entendis pas; puis elle s'éloigna doucement comme une vision qui s'évanouit, et je ne la revis plus, ni ce soir-là, ni le lendemain, ni jamais. »

Toutes ces ressemblances sont au reste, je le reconnais, cherchées de très loin. En réalité la *Princesse de Clèves* est une œuvre unique, qui n'a point de pareille, qui n'en aura jamais. Elle est venue au monde pendant ces vingt-cinq premières années qui ont suivi la majorité de Louis XIV et qui marquent la plus belle époque de notre histoire, temps unique où la France encore éprise de son jeune roi assurait ses frontières naturelles sans aspirer à les dépasser, où Condé et Turenne commandaient ses armées, où Bossuet arrachait des larmes aux courtisans en prononçant l'oraison funèbre de Madame, où Racine faisait couler les pleurs d'Andromaque et traduisait les fureurs de Phèdre, où Molière peignait la jalousie d'Alceste et la coquetterie de Célimène. La *Princesse de Clèves* apparaît comme une perle au milieu de cet écrin de pierres précieuses, mais c'est la perle de grand prix dont les reflets roses et irisés joignent l'éclat à la douceur, ou plutôt c'est la fleur d'un temps et de la nouveauté florissante d'un règne : *novitas florida* regni. Pour la produire, il fallait une cour et une France aristocratiques, comme la cour et la France de Louis XIV. Saluons ces grâces que nous ne verrons plus; mais puisqu'elle n'est point flétrie respirons le parfum de la fleur qui nous fait rêver à ce temps radieux, et admirons sa fraîcheur éternelle.

APPENDICE

Marie-Madeleine Motier, marquise de la Fayette, fille d'Armand, marquis de la Fayette, et d'Anne-Madeleine de Marillac, épousa, le 13 avril 1706, Charles-Louis-Bretagne de la Trémoïlle, prince de Tarente, duc de Thouars, septième duc de la Trémoïlle. Elle mourut à vingt-six ans.

Le duc de la Trémoïlle, chef actuel de cette illustre maison, descend directement de ce mariage. Il est donc par conséquent le seul héritier direct de la comtesse de la Fayette, la branche des la Fayette à laquelle appartenait le célèbre général et qui s'est éteinte récemment en la personne d'Edmond de la Fayette, sénateur de la Haute-Loire, étant une branche collatérale. Le duc de la Trémoïlle, en sa qualité d'héritier direct, possède, non point hélas les papiers de Mme de la Fayette qui n'en a point laissé, mais les papiers de son fils l'abbé.

Ces papiers sont par eux-mêmes peu intéressants. Ce ne sont que des papiers d'affaires, contrats, inventaires, transactions, qui viennent presque tous de l'étude de maître Levasseur, notaire au Châtelet de Paris. Si je n'avais trouvé dans l'intitulé de l'inventaire dressé après la mort du comte de la Fayette la date de sa mort qui avait jusqu'à présent échappé à toutes les recherches, je n'aurais même point signalé l'existence de ces papiers.

Par une particularité assez curieuse et qui ajoute encore au mystère de la vie de M. de la Fayette, il n'est fait mention dans aucun de ces actes du lieu de son décès. — Impossible de sombrer plus complètement puisqu'on ne sait ni comment il a vécu, ni où il est mort, et cette singularité me confirme encore dans la pensée que cette vie mystérieuse a été troublée par quelque drame qui a brusquement rompu le lien conjugal (au point de vue moral s'entend), et qui aux yeux de Mme de la Fayette elle-même et de ses amis a fait de son mari une sorte de mort vivant dont on ne parlait plus.

De quelques-uns de ces papiers il résulte cependant que la majeure partie de la vie de M. de la Fayette s'est passée à la campagne, soit en son château de Naddes, soit en son château d'Espinasse. Il paraît avoir été assez processif, à en juger par d'assez nombreuses difficultés qu'il eut avec ses voisins, dont quelques-unes se réglèrent de son vivant par des transactions, mais dont les autres laissèrent beaucoup d'embarras à Mme de la Fayette et firent d'elle pendant quelques années une véritable plaideuse et une habituée de la Grand'Chambre.

Mme de la Fayette ne fit que défendre la fortune de ses enfants qui lui en surent beaucoup de gré, et il est assez étrange, soit dit en passant, qu'on lui en ait fait reproche.

Les autres pièces qui peuvent présenter quelque intérêt, sont d'abord le contrat de mariage de Mme de la Fayette elle-même. Marie-Madeleine Pioche de la Vergne adopta dans son contrat de mariage la coutume de la ville et vicomté de Paris, qui était et qui est encore le régime de la communauté réduite aux acquêts. Elle mettait dans la communauté dix mille livres, son mari vingt mille, le surplus de leurs biens restant propre. Le mari constituait à sa femme une rente de survie de quatre mille livres. Rien de particulier dans les autres stipulations du contrat.

Vient ensuite, comme pièce intéressante, un règlement d'intérêts intervenu entre Mme de la Fayette et Mme de Sévigné, pour une somme de huit mille sept livres qui était due à Mme de la Fayette sur la succession du chevalier Renauld de Sévigné, qui était à la fois son beau-père et l'oncle du mari de la marquise. Une partie de la fortune du chevalier qui venait de sa femme Mme de la Vergne, revint à la comtesse de la Fayette. L'autre partie revint aux Sévigné. De là, un règlement de comptes entre les deux amies, intéressant surtout pour les amateurs d'autographes parce qu'il porte leurs deux signatures.

Enfin je signalerai l'inventaire dressé à la mort de

l'abbé comte de la Fayette lui-même. J'ai cherché dans l'inventaire des livres s'il était question de l'exemplaire des *Maximes* dont j'ai parlé et je n'ai rien trouvé. Mais le catalogue complet de la bibliothèque n'est pas donné, il s'en faut. Il n'est pas fait mention non plus de manuscrits provenant de Mme de la Fayette. On sait que l'abbé est accusé d'avoir égaré plusieurs cahiers des Mémoires de la cour de France et même un roman manuscrit intitulé *Caraccio* qui aurait figuré dans la bibliothèque du duc de la Vallière. Cependant le catalogue de cette célèbre bibliothèque, publié il est vrai en 1787, par Nizon, n'en fait pas mention. Le crime n'est donc pas prouvé, et il n'est pas sûr que le roman ait jamais été écrit. Si vraiment l'abbé est coupable, faut-il lui en vouloir? — Je ne le crois pas. Mieux vaut peut-être que Mme de la Fayette demeure exclusivement à nos yeux l'auteur de la *Princesse de Clèves*.

En résumé, ces papiers sont, comme on le voit, peu intéressants, et cependant c'est presque avec émotion que je les ai tenus entre les mains. Leur sécheresse et leur aridité même donnent en effet une vie singulière aux personnages qu'ils concernent, en nous les montrant mêlés, comme nous, aux incidents vulgaires de la vie. Excepté le duc de la Trémoïlle, si digne par sa connaissance des choses du passé et son érudition de veiller sur ce dépôt, personne, je crois, ne les avait maniés avant moi, car sur plus d'une page la poudre était encore collée à l'encre. Ce n'est pas sans regrets que je l'ai fait tomber, et que j'ai ajouté une destruction de plus à toutes celles qui sont l'ouvrage de la vie. Cependant les papiers eux-mêmes sont à l'abri du péril, et si Mme de la Fayette trouve au XXe siècle quelque nouveau biographe, il pourra encore les consulter et en tirer peut-être plus de parti qu'une communication tardive (due à ma seule négligence) ne m'a permis de le faire. Ainsi les passions s'éteignent, les êtres passent, les sociétés disparaissent, les monarchies s'écroulent, mais les actes notariés demeurent, et de tout ce que crée l'homme une feuille de papier est encore ce qu'il y a de plus durable.

LES
PORTRAITS DE MADAME DE LA FAYETTE

Il existe au Cabinet des Estampes treize gravures ou lithographies représentant Mme de la Fayette. Ces gravures ou lithographies n'ont aucune ressemblance les unes avec les autres. On dirait deux ou trois personnes différentes. Plusieurs ont un caractère absolument conventionnel, et rappellent tous les portraits de grand'mères ou de grand'tantes qu'on conserve dans les châteaux de province. Cependant il y a un peintre qui paraît avoir été le peintre favori de Mme de la Fayette : c'est Ferdinand, car il a reproduit ses traits jusqu'à quatre fois, à différents âges de la vie. Tous ces portraits représentent Mme de la Fayette avec un nez un peu proéminent et des joues un peu tombantes, ce qui ne donne pas grand agrément à sa figure. Mais cette sincérité même du peintre, et cette constante et consciencieuse reproduction de deux traits assez désobligeants donnent à penser qu'il faisait ressemblant. C'est ce qui m'a déterminé à reproduire celui de ces portraits qui est le plus agréable, et où Mme de la Fayette est représentée encore dans sa jeunesse. Peut-être ce portrait ne plaira-t-il pas beaucoup, mais « la vérité l'emporte », comme disait M. de Talleyrand. Je dois ajouter pour ma justification qu'excepté le cardinal de Retz, qui, à la vérité, s'y connaissait, personne n'a jamais dit que Mme de la Fayette fut jolie.

TABLE DES MATIÈRES

Propos...	5
L'éducation et le mariage...	8
La cour et le réduit...	33
Les amis...	51
Les affaires...	90
Dernières années...	108
Les œuvres historiques...	137
Les romans : la *Princesse de Montpensier* et *Zayde*...	157
La *Princesse de Clèves*...	185
...	215
Extraits de Mme de La Fayette...	221

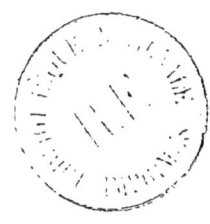

Coulommiers. — Imp. Paul BRODARD. —

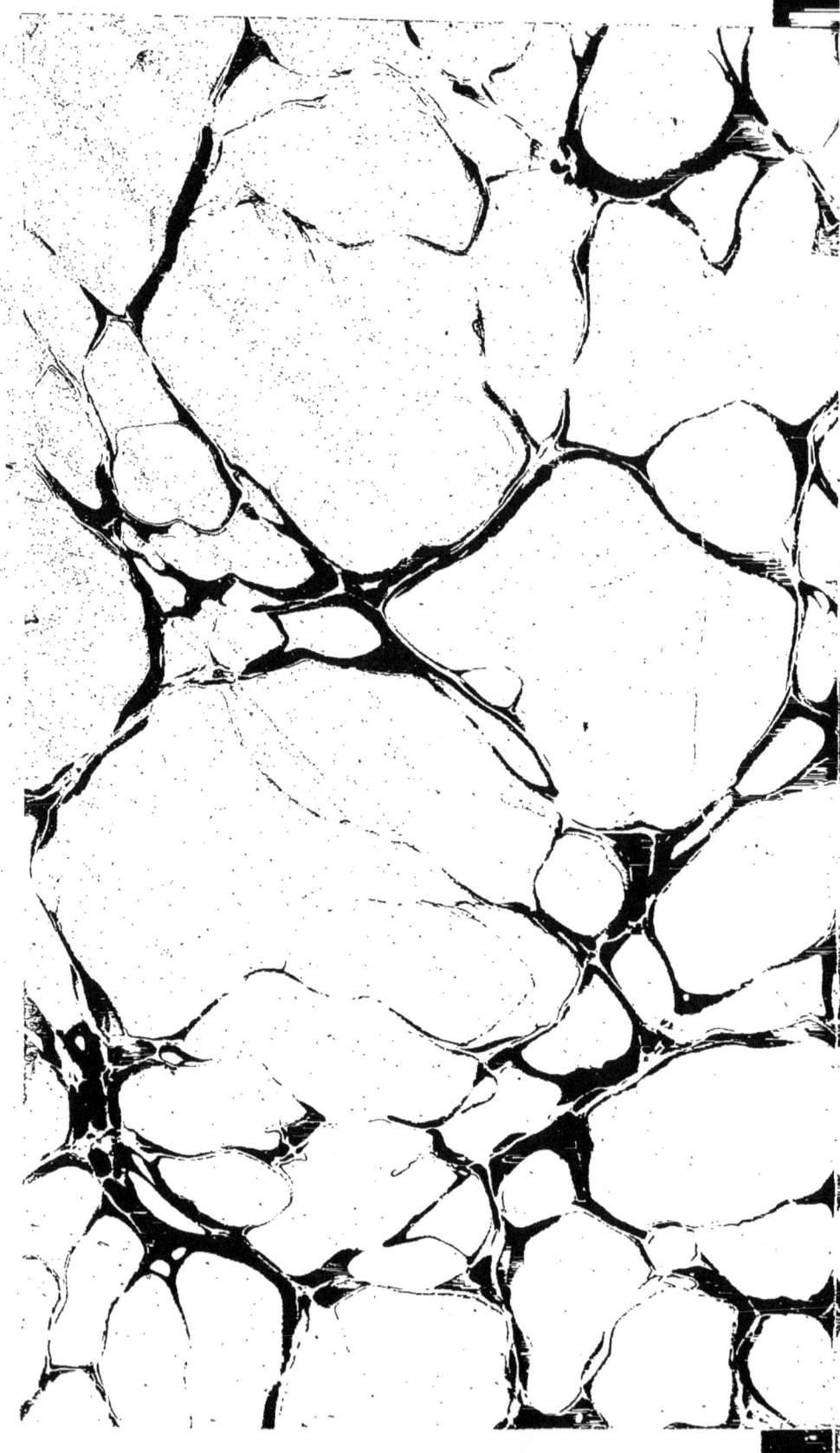

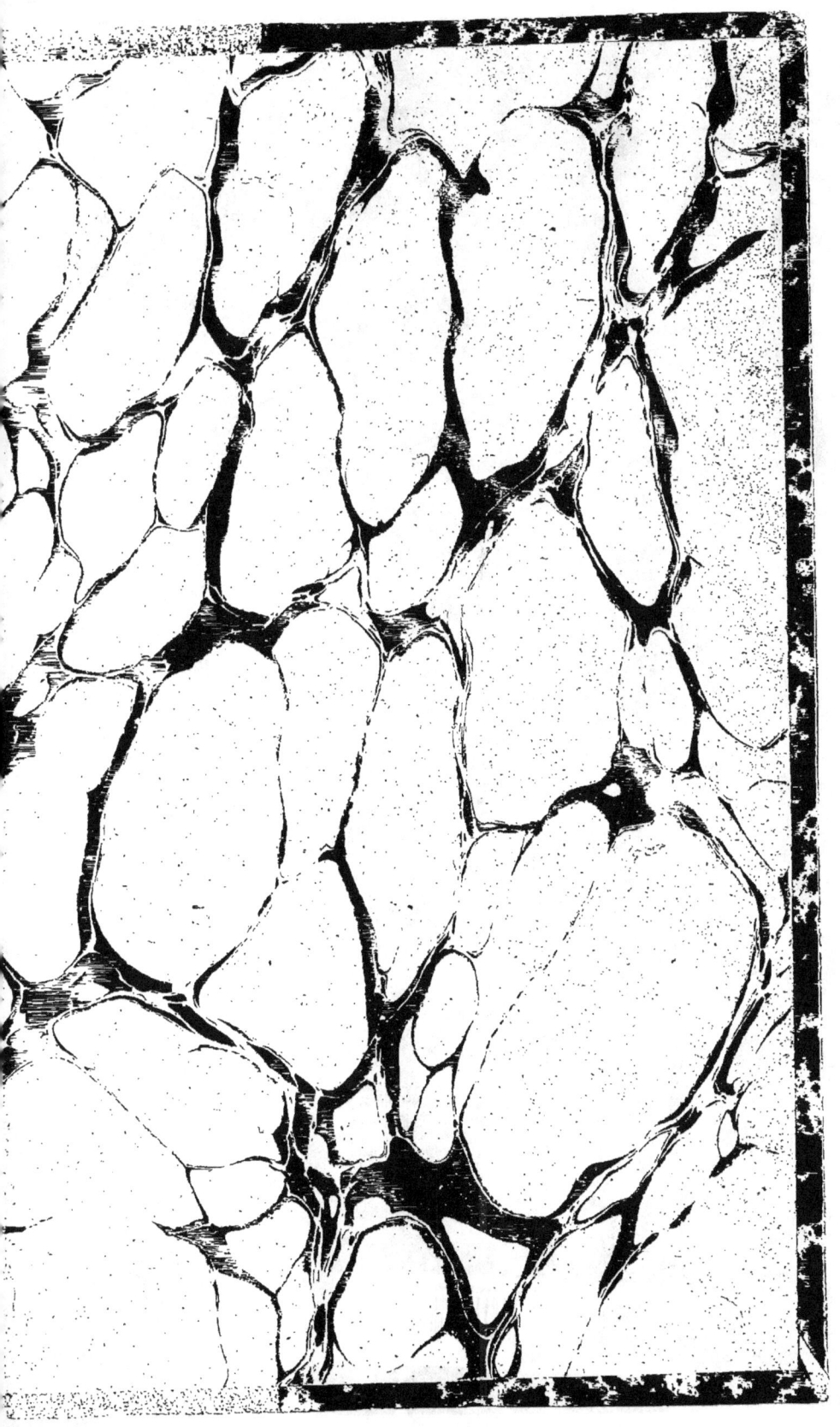

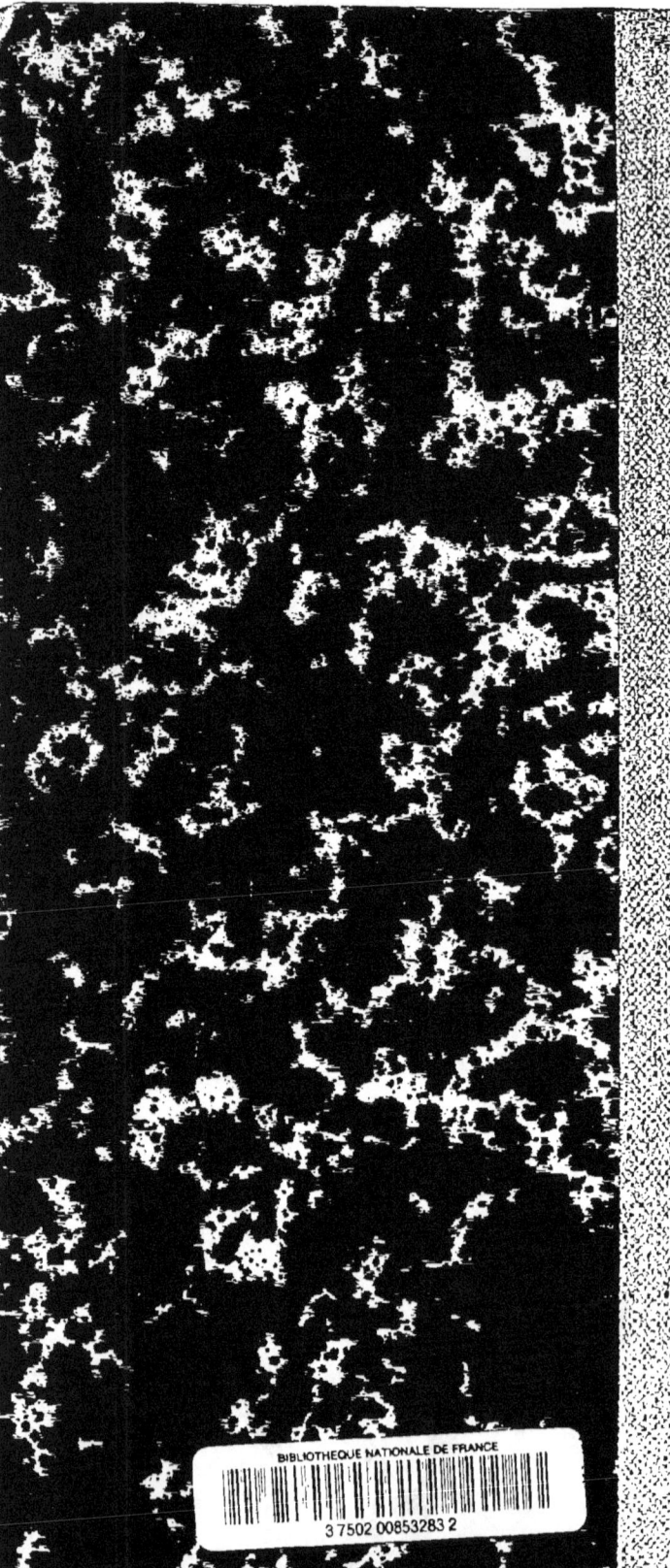

www.ingramcontent.com/pod-product-compliance
Lightning Source LLC
Chambersburg PA
CBHW071910160426
43198CB00011B/1239